# Erlebnisturnen

Bernd Curt /Michael Medler / Rüdiger Räupke

# Erlebnisturnen

Flensburg 2016

5. Auflage

24944 Flensburg · Telefon (0461)3 43 44 · Telefax (0461/31 17 49
E-Mail: medler@cm-sporbuch-verlag.de
www.cm-sportbuch-verlag.de

Zeichnungen: Michael Medler
Herstellung: MCP Mazowieckie Centrum Poligrafii
ISBN 3-928695-06-1
EAN 978-3-928695-06-0

# *Inhalt*

# *Einleitung*

Erlebnisturnen? So mancher Leser ist vielleicht versucht, sogleich Bedenken anzumelden, weil mit dem Titel „Erlebnisturnen“ doch zwei so ungleiche Partner zu einem Begriff zusammengefasst werden: Erlebnis und Turnen.

Erlebnis ja, das hat besondere Qualität und ist allgemein anerkannt. Wie wichtig es gerade in der heutigen Zeit ist, welche Synonyme im Umlauf sind und welche Bedeutung es für die Entwicklung von Kindern und Jugendlichen und für die Herausbildung ihres Selbstwertgefühls hat, das wird in den ersten Kapiteln dieses Buches herausgearbeitet.

Aber Turnen? - Eine eigentlich doch sterbende Sportart, die Kinder und Jugendliche ganz im Gegenteil mit Mühe, Frust, Abwehr und auch Angst verbinden. Der eine oder andere wird vielleicht bedauern, dass es so gekommen ist, wo das Geräturnen doch in der Vergangenheit eine so zentrale Sportart war, in einer Zeit, in der viele der heute noch tätigen Sportlehrer ausgebildet wurden. Aber es ist eben so, ob man es wahrhaben will oder nicht. Turnen steht in der Beliebtheitsskala von Kindern und Jugendlichen weit am Ende und wird von den für den Sport Verantwortlichen kaum noch wichtig genommen.

So wird bei manchem Leser vielleicht gerade deshalb Neugier entstehen, wie denn ein solches Turnen aussehen könnte, bei dem das Erlebnis im Vordergrund steht. Hier liegt die Zielsetzung des Buches. Die Autoren halten beide im Titel aufgehobenen Teile für pädagogisch wertvoll: das Erlebnis wegen seiner entwicklungspsychologisch wichtigen Funktion für die Herausbildung der heranwachsenden Persönlichkeiten und das Turnen wegen seiner besonderen Bedeutung für die körperliche und die motorische Entwicklung von Kindern und Jugendlichen.

Im ersten Teil des Buches geht es um die Auseinandersetzung mit den Phänomenen Erlebnis und Abenteuer, um ihre Erscheinungsweisen in der heutigen Zeit und ihre pädagogische Bedeutung für die Heranwachsenden. Letztere wird mit den Themen *Angstlust, Grenzerfahrung, Bewährung* und *Ermutigung* schwerpunktmäßig und ausführlich herausgearbeitet.

Der zweite, größere Teil des Buches gilt der Praxis des Erlebnisturnens. Dabei werden Ideen gesammelt und dargestellt, mit denen wir schon seit einigen Jahren erfolgreich in Schule und Verein arbeiten. Nicht alles ist neu, aber so manche neue Idee ist in der intensiven Auseinandersetzung mit dem Thema noch zusätzlich entstanden. Die Darstellungen sind als Vorschläge zu verstehen. Wir wollen mit diesem Buch Anregungen geben, das Turnen erlebnisreich und kreativ zu gestalten, und wir wollen für alle diejenigen Anregungen geben, die sich durch konstruktives Interesse auszeichnen, selbst weiterzudenken.

Für das Trapezturnen müssen Trapeze, die in die Ringe eingehängt werden, angeschafft werden, und für das Klettern sind einigermaßen dicke Taue erforderlich. Ansonsten aber kommt man im Erlebnisturnen mit den Gräten aus, die in den meisten Hallen zur Verfügung stehen.

Zum Thema „Körperakrobatik“ haben wir eine Vielzahl von Arbeitskarten entwickelt, die als Organisationshilfen und auch als Grundlage für selbständiges Arbeiten gedacht sind. Wir fordern ausdrücklich dazu auf, diese zu kopieren und entsprechend den Vorschlägen zu verwenden.

# *Suche nach Erlebnis und Abenteuer in einer spannungsarmen Zeit*

---

Niemals gab es wohl mehr Wagnis, Abenteuer, Risiko und Nervenkitzel als in der heutigen Zeit. Niemals gab es wohl weniger Anregung, Spannung und Erlebnis als in der heutigen Zeit. Deutlicher können Extreme nicht sein. Auf der einen Seite die wohlbehütete Gesellschaft, die sich gegen jedes Risiko und alle Eventualitäten versichert hat und in einer reizarmen Umwelt, von den Errungenschaften der Zivilisation verwöhnt, aufwächst, auf der anderen Seite die Konstruktion immer neuer „Ernstfälle" für die Bewährung in Sensationen und Gefahren.

Und doch gehören beide zusammen und bedingen sich gegenseitig. Geändert haben sich die Anregungsbedingungen, das Bedürfnis nach Abenteuer ist geblieben. Wer Anregungen sucht und sie nicht findet und sich nicht mit den auditiven und visuellen Sensationen moderner Medien, die lediglich Reize anbieten, aber keine Möglichkeiten für eigene Aktivitäten, zufrieden gibt, der schafft sich die Anregungen selbst.

Bei einer immer noch wachsenden Zahl von Kindern und Jugendlichen führt die zivilisierte, regulierte und reglementierte Welt zu erheblichen Einschränkungen ihrer Bewegung und ihrer Bewegungsmöglichkeiten bis hin zum Verfall ihrer körperlichen Tauglichkeit. Körperliche und motorische Entwicklung und in ihrem Gefolge auch die psycho-soziale sind deutlich in Mitleidenschaft gezogen.

Die Welt der Erlebnisse bleibt heute schon den Kindern, später dann auch den Jugendlichen in ihrem Alltag weitestgehend verschlossen. Es herrschen Langeweile und psychologische Unterforderung sowie ein Mangel an individuellen Entscheidungssituationen und an aktivierenden und spannungsinduzierenden Grenzerfahrungen. Da man ein Verursachungsverhältnis zwischen dem Anregungsniveau durch die Umwelt und dem Abenteuerverhalten vermuten kann und angemessenes Verhalten nur vor dem Hintergrund gereifter Vorerfahrungen zu erwarten ist, gehen die Maßstäbe verloren, wenn wichtige Erfahrungsbereiche fehlen. Die Sehnsucht nach Bewährung in Grenzsituationen wird „maßlos und irrational" (v. Hentig 1972, 241). Sie äußert sich in erhöhter Risikobereitschaft und in erhöhter Aggressionsbereitschaft bis hin zur Gewalt.

Wo Umsicht und Vorsicht regieren, fehlt das Klima des Risikos. Es entsteht Langeweile und, wo diese über längere Zeit währt, ein „ungesättigtes dramatisches Bedürfnis" (Mitscherlich 1970, 158 zit. nach Schlecke 1977, 49), das sich die Befriedigung passiv sucht. Das Angebot reicht von Fernsehen und Video über den Computer bis hin zu Reiz- und Suchtmitteln. Kinder, so eine Statistik, sitzen bis zu ihrem 14. Lebensjahr 14.000 Stunden in der Schule, aber sogar 18.000 Stunden vor dem Fernseher. Wenn's keinen Spaß mehr macht, reicht ein Knopfdruck für das nächste Programm, und das hat ihr Verhalten und ihre Einstellung geprägt. Immer mehr Ursache für lang andauernde Sitzungen ist der Computer, dessen Bedeutung für die Bewegungslosigkeit noch gar nicht umfänglich ermessen werden kann.

Ein anderer Teil sucht die aktive Auseinandersetzung. Bei ihnen wird die aufgrund fehlender Unsicherheit wachsende Triebstärke zum „urgewaltigen Streben" (Lorenz zit. nach v. Cube 1995, 61). Da die Umwelt solche Reize nicht bietet, schafft man sie sich selbst. In lebhafter, kreativer Phantasie sind extreme Formen des Auslebens und Austestens der eigenen Kräfte entstanden bis hin zu Mutproben, bei denen Triumph und Niederlage dicht nebeneinander liegen. Augenfällig ist der freiwillige Umgang mit Gefahren und Risiken bis an die Grenze der eigenen Belastbarkeit und darüber hinaus.

Insbesondere durch eigene Anstrengung bezwungene Risiken sind mit deutlichem Lustgewinn gepaart, für die von Csikszentmihalyi (1985) der Begriff „Flow-Erlebnis" geprägt worden ist. Flow wird desto intensiver erlebt, je größer die Unsicherheit war und je mehr eigene Anstrengung zur Bewältigung dieser erforderlich war.

Das Dilemma ist offenbar, dass junge Menschen eine immer höhere Reizdosis benötigen, um noch so etwas wie ein Prickeln zu spüren. Und das, was der traditionelle Sport ihnen bietet, reichte noch vor 20 Jahren, reicht aber heute den meisten auf der Suche nach dem besonderen „Kick" als Dosis an Abenteuerreizen nicht mehr aus. Nicht der Inhalt zählt, sondern nur das ganz besondere Erlebnis. Den besonderen „Kick" findet man heute in der Clique, auf Parties, bei Techno-Feten, bei Hip-Hop-Jams, in der Graffiti-Sprüher-Gruppe, in aktionsträchtigen Hooligangruppen, und die modernen Formen des „Drangs nach vitaler Gefährdung" und der „Lust nach existenzieller Erregtheit" (Haigis 1941) finden ihren Ausdruck als Crash-Kid, beim S-Bahn-Surfen, beim Airbagging und beim Elektrosmogging (vgl. Struck 1995). Wenn es denn der Sport sein soll, dann doch schon eher Mountainbiking, Freeclimbing, Extrembergsteigen, Wildwasser-Rafting, Fallschirmspringen, Bungeespringen, House Running, Gleitschirmfliegen, Drachenfliegen oder Skating.

Während man im Allgemeinen davon ausgeht, dass das Abenteuer- und Risikobedürfnis sich zwar auf Unsicheres, Unbestimmtes, nicht Vorhersehbares und Gefährliches bezieht, es sich aber im Rahmen eines mittleren Schwierigkeitsgrades bewegt, sind eher unkalkulierbare Wagnisse zu erwarten, wenn man ohne die entsprechenden Erfahrungen der Einschätzungen und Beurteilungen von Risiken aufwächst. Die Suche nach dem Glück wird zum Problem ganz besonders dort, wo sie auch vor Aggressionen, Gewalt und Kriminalität nicht haltmacht. Denn um nichts anderes als um Nervenkitzel und Mutproben geht es bei diesen Phänomenen. Es können hier Auswüchse der gleichen Wurzeln angenommen werden, die hauptsächlich wegen ihres Anregungspotentials aufgesucht werden und von Friedberg (1965) treffend mit „Erlebniskriminalität" bezeichnet worden sind.

## *Entwicklungspsychologische Aspekte des Erlebnisses*

Es braucht keine Defizittheorie, um die besondere Bedeutung von Erlebnis, Spannung und Herausforderung für die Entwicklung von Kindern und Jugendlichen zu unterstreichen. Die Befriedigung von solchen Bedürfnissen hat für die Entwicklung eine ebenso große Bedeutung wie die Überwindung von Angst. Der Ansporn zum Wachsen entzündet sich vor allem an Gelegenheiten, in denen persönliche Grenzen überschritten und immer wieder neu bestimmt werden müssen. Heranwachsende brauchen Situationen, in denen sie mit Kopf, Herz und Hand zum Handeln aufgefordert sind, in denen sie vor Entscheidungssituationen stehen, die sie durch Handeln lösen können, in denen die Sehnsucht nach Abenteuer, die Freude am Erforschen unbekannter Dinge und die lebhafte und kreative Phantasie angesprochen werden. Eine gesunde Entwicklung braucht Situationen, in denen es darum geht, sich Gefahren vertraut zu machen, um sie zu beherrschen. Oder anders ausgedrückt: Eine gesunde Entwicklung braucht Flow-Erlebnisse, d.h. durch eigene Anstrengung erzeugten Lustgewinn.

Es sind vor allem die kleinen kindlichen und größeren jugendlichen Mutproben mit ihrem intensiven affektiv-emotionalen Gehalt und ihrem besonderen explorativen Charakter, die den Kern der Persönlichkeit treffen und die deshalb für die Entwicklung besondere Bedeutung haben. Situationen, in denen Geborgenheit und Sicherheit aufs Spiel gesetzt und freiwillig Gefahren und Risiken aufgesucht werden, sind notwendig für das Erlernen eines gesunden Neugierverhaltens und einer realistischen Selbsteinschätzung. Mutproben und Bewährungssituationen werden bestanden wie Proben, aus denen man gestärkt hervorgeht. Kinder und Jugendliche brauchen deshalb Räume ungeschützter Erfahrungen und Erkenntnisse, in denen sie sich selbst und ihre Umwelt ungesichert aus eigenen Kräften erkunden und entdecken, in denen sie dies alles in der Gruppe Gleichaltriger und sich selbst wagen können.

Erlebnisorientierte Lernräume haben ihren Schwerpunkt weniger in der Entwicklung von Fertigkeiten als in der der Persönlichkeit und ihrer Eigenschaften. Die Entdeckung der Körperlichkeit und des Gefühls, physische und psychische Anstrengungen als lustvoll zu erleben, sind schon im Kleinkindalter wichtige persönlichkeitsbildende Maßnahmen. Bei Kindern vollzieht sich die Ausbildung der explorativen Fähigkeiten, die emotionale Stabilisierung und die Vermittlung von Grenzerfahrungen im Zusammenhang mit spielerisch-abenteuerlichen Experimenten, und bei Jugendlichen besteht ein deutlicher Zusammenhang zwischen abenteuerlichen Erfahrungen und Erlebnissen mit Reifungsprozessen. Das Bedürfnis nach Abenteuer und Wagnis verlangt nach Grenzerkundungen und Grenzüberschreitungen, nach Erprobungssituationen und körperlichen Leistungsproben. Sie erzeugen positive Effekte der Steigerung des Selbstbewusstseins und des Körpergefühls, sind Mittel der Selbstfindung und Selbstentdeckung, und sie stehen im Zeichen der Suche nach personaler Identität.

Erlebnis ist eine an jeden Altersbereich, insbesondere aber eine an die Psychologie der Jugend angepasste Methode, denn die mit ihm verbundenen Herausforderungen können bei der Entdeckung des Ichs behilflich sein. Was für das Kleinkind schon von Bedeutung ist, in diesem Alter aber der besonderen Anregung von außen bedarf, bekommt für Jugendliche in der Auseinandersetzung mit den gesellschaftlichen Bedingungen ein besonders dramatisches Gesicht. Jugendliche suchen das Abenteuer, denn Risiko, Bewährung, Wagnis, Überwindung von Angst und Erkundung von Grenzen ermöglichen das Erleben, das ihnen zur Entdeckung ihrer selbst verhilft. Die Suche nach Erlebnis und Abenteuer kennzeichnet keineswegs eine Krise, sie ist im Gegenteil ein produktiver Vorgang und ein ganz normaler Weg zur Ich-Findung.

In Erlebnissituationen muss man Farbe bekennen. Was vorher unter Verschluss gehalten werden konnte, ist jetzt gefordert: der Beweis, dass man sich überwinden kann. Erlebnissituationen sind immer auch Entscheidungssituationen, in denen die eigene physische und psychische Leistungsfähigkeit so intensiv erlebt wird, dass man sich nicht distanzieren kann. Im hautnahen Erleben eines realen Ernstcharakters im Zusammenhang mit Situationen spielerischer Selbstgefährdung liegt ihr Wert für die Entwicklung. Die durch eigene Anstrengung erzeugte Umwandlung von Unsicherheit in Sicherheit (vgl. v. Cube 1995) geht mit wichtigen Selbstbekräftigungseffekten einher, indem die Angst vor unsicheren Situationen genommen und Selbstvertrauen und Selbstsicherheit gewonnen werden.

Nur die Auseinandersetzung mit den eigenen Möglichkeiten und Grenzen setzt ungeahnte Reservekräfte frei, räumt neben dem Erfolg auch der Niederlage einen Platz ein, lässt Niederlagen ertragen und Ängste mutig bewältigen und befördert so eine realistische Selbsteinschätzung. Das Bestehen von Herausforderungen unterliegt den Gesetzmäßigkeiten der Selbstbekräftigung, aus denen Kinder und Jugendliche, gestärkt im Empfinden gesteigerter Existenz, real gesteigerter Vitalität und positiver Weltzuwendung hervorgehen.

# *Erlebnis als pädagogisches Handlungsfeld*

Pädagogisch ist das Handlungsfeld des Erlebnisses von besonderem Interesse, weil es mit die ganze Person körperlich, seelisch und geistig ergreifenden Prozessen einhergeht und für Kinder und Jugendliche Chancen eröffnet, sich selbst zu entdecken. Wer etwas wagt, ist gezwungen, sich mit sich selbst auseinanderzusetzen. Hier liegt die Wurzel der Erlebnispädagogik Hahns und der Outward-Bound-Schulen.

Was Kinder und Jugendliche interessiert, hat Ernstcharakter, bietet keinen Schonraum und kann nicht schöngeredet werden. Erlebnisse sind Herausforderungen mit Entscheidungscharakter. Sie sind intrinsisch motiviert und lassen kaum Möglichkeiten einer Distanzierung. Die mit ihnen verbundenen Aufgabenstellungen eröffnen Chancen für Lernvorgänge, in denen insbesondere Grenzerfahrungen gemacht und die Phänomene *Angstlust, Bewährung* und *Ermutigung* erfahren werden können. Sie ergeben sich als Chancen, nicht als Automatismen erlebnisorientierten Handelns.

## *Grenzerfahrungen*

Mit dem Aufkeimen von Aggressionen, Gewalt und einer deutlich gesteigerten Kriminalitätsrate bei Jugendlichen und sogar bei Kindern hat die Pädagogik die Bedeutung von Grenzerfahrungen wiederentdeckt. Wer darin eine Pädagogik der Härte vermutet, liegt falsch. Es ist vor allem der Mangel an explorativen Erfahrungen, der für eine Fehleinschätzung von Grenzen und für derartige Auswüchse kindlich-jugendlichen Verhaltens verantwortlich gemacht werden muss. Die Pädagogik ist gefordert, weil die Bedingungen im zivilisierten Leben ganz offenbar im Gegensatz zu den Grundstrukturen der menschlichen Psyche stehen und weil es hier darum geht, kompensatorisch tätig zu werden.

Die Erfahrung individueller Grenzen schließt die Erfahrung individueller Möglichkeiten ein. Grenzerfahrungen sind deshalb bei der Suche nach Identität bei Kindern und Jugendlichen von herausragender Bedeutung und ein besonders erfolgreicher Weg. Sie leisten einen notwendigen Beitrag zur Entdeckung des Ichs und zur Abgrenzung von anderen. Grenzen werden überschritten und neu bestimmt. Der freiwillige Umgang mit Gefahren und Risiken bis an die Grenze der eigenen Belastbarkeit ist notwendig für eine realistische Selbsteinschätzung wie auch für die Fremdeinschätzung. Grenzerfahrungen kennzeichnen den Weg der Erkundung des eigenen Potentials der physischen und psychischen Leistungsfähigkeit, erweitern diese Möglichkeiten und geben eine Rückmeldung, auf was man sich (noch) nicht einlassen sollte. Erst das Bewusstsein um die eigenen Grenzen trägt zu einer realistischen Selbsteinschätzung bei.

Grenzerfahrungen bedürfen der Herausforderung. Sie ergeben sich ganz selbstverständlich in Erlebnissituationen, die sich dadurch auszeichnen, dass in ihnen immer wieder die Verunsicherung und das Aufgeben der Sicherheit zum Anreiz für selbstgesteuertes Einlassen werden und bei denen dann immer wieder der Triumph der Preisgabe und Wiedererlangung der Sicherheit gefeiert werden kann. An Grenzen stößt man schon, wenn man etwas tun muss, vor dem man nur ein bisschen Angst hat. Pädagogisch bedeutsam sind solche *Ein-Bisschen-Angst-Situationen*, weil sie die Emotionen genau in dem Maße ansprechen, dass emotionale Spannung entsteht, die Entscheidung verlangt und ein Überwinden herausfordert. Aufgaben, die bis an die Grenze der Leistungsfähigkeit des Einzelnen gehen, verlangen volle Konzentration und ein volles Aufgehen in der Tätigkeit, und sie sind mit dem Gefühl verbunden, voll ausgefüllt zu sein. Das Verhalten in derartigen Grenzsituationen ist eine Form des explorativen Verhaltens, bei dem individuelle Möglichkeiten, Fertigkeiten, Fähigkeiten, Eigenschaften und Grenzen erkundet werden und Qualitäten wie Mut, Handlungsbereitschaft und Leistungsfähigkeit im Mittelpunkt stehen.

In einer Zeit, in der Langeweile, psychologische Unterforderung, Mangel an individuellen Entscheidungssituationen und spannungsinduzierenden Erfahrungen weit verbreitet sind, haben Situationen, in denen man aufgefordert wird und sich aufgefordert fühlt, sich an sich selbst zu messen, eine wichtige kompensatorische Funktion. Dass Kinder und Jugendliche keine Grenzen kennen, liegt im Wesentlichen daran, dass sie verlernt haben, sich mit Grenzen auseinanderzusetzen, so dass eine realistische Beurteilung verloren gegangen ist, und das wiederum liegt auch daran, dass man die Wichtigkeit von Grenzerfahrungen in der Pädagogik unterschätzt und Felder wichtiger Grenzerfahrungen negativ beurteilt hat.

Konkret ergeben sich Grenzerfahrungen beim Erproben der eigenen und fremden Belastbarkeit und Leistungsfähigkeit, beim Überwinden von Hindernissen und Widerständen, beim Eingehen von Gefahren zur Erforschung der eigenen Kapazitäten, beim Aufgeben des festen Standortes mit beiden Beinen auf der Erde, beim Erfahren von Geschwindigkeit, beim Aufsuchen und Erproben von exponierten Raumlagen, beim Erkunden des Unbekannten und dem Überschreiten des bis dahin Vertrauten. Auch die kontinuierliche Steigerung der individuellen Leistungsfähigkeit und ihre Erprobung in sportlichen Wettkämpfen eröffnen ein wichtiges Feld bedeutsamer Grenzerfahrung und bedürfen einer angemessenen Würdigung und Beachtung im pädagogischen Raum.

## *Angstlust*

Wer Kinder und Jugendliche aktivieren will, muss sich insbesondere mit dem Anregungsgrad von Aufgabenstellungen auseinandersetzen. Der optimale Anregungsgrad von spannungsinduzierenden Aufgabenstellungen kommt einer Gratwanderung gleich, wie sie nicht deutlicher als durch den Begriff „Angstlust" dargestellt werden kann. Die mit der Aufgabenstellung verbundene Umwandlung von Unsicherheit in Sicherheit wird nur dann in Angriff genommen, wenn sie Erfolg verspricht. Die Aufgabe bereitet nur dann Lust, wenn sie aus einer gewissen Sicherheit heraus erfahren wird. Sind die Unsicherheit und die sich daraus ergebende Spannung zu groß und die Aufgabenstellung unrealistisch weit vom Leistungsvermögen des einzelnen entfernt, beherrscht lediglich Angst die Szene und behindert die zupackende Auseinandersetzung. Ist die Spannung dagegen zu gering und die Aufgabenstellung nicht mit genügend Neuigkeitswert, Spontanem, Überraschendem und Unbestimmtem verbunden, ist auch der Erregungsgrad nicht optimal, so dass auch die Anforderung nicht lustvoll erlebt wird.

Es ist geradezu der Balanceakt zwischen Verunsicherung und Zuversicht, der die optimalen Bedingungen jeder Handlungsaktivierung kennzeichnet. Angstlust beschreibt die Befindlichkeit in angsterzeugenden Situationen mit Handlungszwang. Der Schwierigkeitsgrad von Aufgaben, die Angstlust erzeugen, liegt im individuellen Grenzbereich, bei dessen Überschreiten Angst auftritt mit negativen Emotionen und Handlungsverweigerung. Ihre Aufgabenstellungen tragen die Wahrscheinlichkeit des Gelingens in sich, können aber durchaus auch misslingen. Es sind genau diese, die Kinder und Jugendliche brauchen, um vitale Kräfte zu mobilisieren und sich mit gesteigerter Leistungs- und Handlungsfähigkeit erleben zu können.

Angstlust hat etwas Lockendes und Prickelndes, Fesselndes und Verführerisches. Als treibende Kraft der kindlichen Exploration macht sie Fremdes und Unbekanntes anziehend, denn sie bildet im Spannungsfeld von Geborgenheit und Gefährdung die Motivation heraus, die für ihre Erforschung erforderlich ist. Wer solche Handlungen, die eine Unausweichlichkeit, vor der man sich nicht drücken kann, erfolgreich beendet, geht gestärkt aus ihnen hervor. Die Bewährung in Angstlust-Situationen bedeutet Ermutigung und schafft emotionale Sicherheit im Umgang mit Situationen, die Neues, Fremdes und Bedrohliches in sich tragen. Ihre Aufgabenstellungen haben persönlichkeitsbildende Bedeutung, weil sie Erfahrungen festigten, die auch bei einem Scheitern die Zuversicht „das schaffe ich" nicht erschüttern und zu erneutem Versuch herausfordern. Es ist das pädagogisch Bedeutsame der Angstlust, dass sie Grenzerfahrungen und Ermutigung und auch die Chance der Bewährung in sich trägt. Das Ausleben von Angstlust ist erfüllte Gegenwart und Erfüllung des Augenblicks, es ist Psychohygiene. Der mit ihr verbundene zentrale Aktiviertheitszustand führt zu einer Reihe psychophysischer Optimierungsvorgänge und erfasst nachweisbar alle körperlichen, geistigen und seelischen Funktionen im Sinne einer euphorischen Stimmungslage, einer Steigerung der Wahrnehmungsfähigkeit und einer Steigerung der Handlungs- und Entscheidungsfähigkeit.

Konkret ist Angstlust das Ergebnis der Befindlichkeit in Aufgaben mit mittlerem Grad an Riskantem, Gefährlichem und Unbewältigtem, wie er für Erlebnisse charakteristisch ist. Der Schwierigkeitsgrad der Aufgabenstellung ist dann richtig gewählt, wenn die erlebte Gefährdung Antrieb des Handelns ist, Lust und Vergnügen bereitet und zur spielerischen Bewältigung einlädt. Die potentielle Herausforderung wird nur dann zum Flow, „wenn die Fähigkeit des Betreffenden dem Schwierigkeitsgrad gerade angemessen ist, wenn also Herausforderung und Leistungsfähigkeit im Gleichgewicht stehen“ (v. Cube 1995, 50). Als Anregungspotentiale gelten ein gewisses Maß an Neuigkeit, Komplexität, Überraschung und Ungewissheit. Eine angemessene Herausforderung bilden schon das teilweise Bekannte, das dosiert Überraschende und das nur etwas Ungewisse, wenn es vom Handelnden mit Aktivierung, Spannung und Erregung beantwortet, von ihm positiv erfahren und aktiv aufgesucht wird.

## *Bewährung*

Kinder und Jugendliche müssen sich bewähren. Sie haben das Bedürfnis, sich weiterzuentwickeln, ihre Fähigkeiten zu steigern und ihr Können zu beweisen. Voraussetzung für die Bewährung ist das Wagnis, und die Entwicklung des dafür notwendigen Neugierverhaltens braucht eine anregende Umwelt. In einer anregungsarmen Zeit, in der Erlebnis, Abenteuer und Spannung nicht zum Alltag von Kindern und Jugendlichen gehören, so dass sie keine Gelegenheit haben, sich mit risikoreichen Situationen vertraut zu machen und diese lustvoll auszuleben, gehen die Maßstäbe für eine Einschätzung des Risikos verloren, und es entstehen unrealistische Ansprüche mit der Tendenz, sich in nicht einschätzbare Gefahr zu begeben.

Bewährung ist notwendig für die Entwicklung des Selbstwertgefühls. Überall dort, wo es durch aktives Tun und Anstrengung gelingt, Unsicherheit in Sicherheit zu verwandeln, entsteht das Gefühl, sich bewährt zu haben. Dabei kommt gerade solchen Aufgaben besondere Bedeutung zu, die Grenzerfahrungen ermöglichen und vom Gefühl der Angstlust begleitet werden. Sie stellen den Einzelnen vor Entscheidungssituationen, die er nur durch Handeln meistern kann, die keine Distanzierung zulassen, aber auch das Misslingen in sich tragen. Deshalb sind Bewährungssituationen immer Wettbewerbe gegen sich selbst, deren Siege bei der Überwindung entsprechend hoher Hindernisse gefeiert werden. Man setzt sich bewusst der Niederlage aus, um affektiv positiv besetzte Spannungszustände auszukosten und die eigene Tüchtigkeit, die eigene Handlungsfähigkeit und den Triumph der erfolgreichen Rückkehr zu einer Position der Gefahrlosigkeit und Sicherheit zu genießen. Mit der Bewältigung risikoreicher Erlebnissituationen stellen sich Erfolgserlebnisse ein, die als Entspannung und Erleichterung wahrgenommen werden und das Bewusstsein, sich selbst überwunden und selbst etwas geschafft zu haben, mit sich bringen. Wenn wir ein Problem gelöst, eine Gefahr überstanden, eine Herausforderung gemeistert, ein Abenteuer bestanden haben usw., werden wir durch bestärkende Lust belohnt. Bewährung ist Flow-Erlebnis.

Bewährungssituationen tragen eine gewisse Selbstbekräftigung in sich, die Kinder und Jugendliche für ihre Entwicklung und Identitätsfindung brauchen. Derart gestaltete Explorationen gleichen ichbezogener Erforschung eigener Möglichkeiten, eigener Handlungskompetenz und eigener charakterlicher Merkmale. Sie schaffen Vertrauen in die persönliche Leistungsfähigkeit und Zutrauen zum Handeln unter potentiell schwierigen Bedingungen. Werden sie gemeistert, findet Reifung statt, die in den Potentialen Entschlossenheit, Selbstbeherrschung und Geistesgegenwart ihren Ausdruck finden und bei entsprechend regelmäßiger Erfahrung eine bleibende Prägung hinterlässen. Der durch die Wahrnehmung von Fremdheitsaspekten und durch die Angst aktivierte Organismus wird für spontane Entscheidungen sensibilisiert und zu spontanen Handlungen befähigt, die ihrerseits dazu verhelfen, dass Fremdheit und Ungewissheit in Erfahrung, Vertrautheit und Sicherheit umgewandelt werden. Zu Recht wird der Bewährung in Erlebnissituationen deshalb - persönlichkeitsfördernde Wirkung zugeschrieben. Ihr persönlichkeitsfördernder Zugewinn liegt nicht nur in der Kenntnis, sondern in der Erkenntnis von Gefahren und Risiken, „die immer auch den handelnden Zusammenhang mit einbezieht“ und deshalb mit Wissen, Können, Erfahrung usw. das gesamte Sicherheitssystem der Heranwachsenden erweitert.

## *Ermutigung*

Jede Bewährungssituation und jedes Erlebnis sind kleine Mutproben, die, weil sie Mut erfordern, immer ein gewisses Maß an Selbstbekräftigung in sich tragen. Werden sie geschafft, führen sie zur Ermutigung und steigern das Zutrauen und den Mut für weiteres Handeln. Die Ermutigung wird da besonders intensiv erfahren, wo Geborgenheit und Sicherheit aufs Spiel gesetzt werden und die damit verbundene Aktivierung, Spannung und Erregung durch das Gelingen einen positiven Abschluss finden.

Wenn immer wieder etwas geschafft wird, entstehen Ereignisketten, die die Selbsteinschätzung entwickeln. Ihre Entwicklung verläuft über wagnishafte Situationen, die eine Kalkulation des Risikos und ein Abschätzen der eigenen Kräfte, Fähigkeiten und Fertigkeiten notwendig machen und den Mut auf die Probe stellen. Mit der Entscheidung, das Wagnis einzugehen, überlässt sich der Handelnde einer gewissen Schicksalhaftigkeit. Für einen begrenzten Zeitraum begibt er sich in einen Handlungszwang, dem er nur durch die eigene Tüchtigkeit entgehen kann. Die Erlebnishandlung bleibt spannend, solange sie vollzogen wird. Ist sie erfolgreich beendet, verliert sie ihren Charakter von Wagnis und Unsicherheit. Sie wird zum Produkt und schafft Sicherheit auf einer höheren Ebene, von der aus sich das Erlebnis und der für sein Gelingen erforderliche Mut und damit auch das Selbst neu bestimmen.

Alle explorativen Tätigkeiten und alle Erlebnissituationen unterliegen in dieser Weise gewissen Gesetzmäßigkeiten der Selbstbekräftigung, die sich in einem Kreisprozess der Ermutigung - Angsterzeugung - effektives Handeln - Angstbewältigung darstellen (vgl. Schleske 1977, 151) und deren Besonderheit darin besteht, dass ihre Handlungen intrinsisch motiviert sind und ohne fremdes Zutun ablaufen, d.h., der Einzelne begibt sich freiwillig in Situationen mit Handlungszwang und Situationsdruck. Durch die fortgesetzte und sich selbst bestärkende Folge von Ermutigungserlebnissen werden persönlichkeitsbildende und vitalitätsfördernde Wirkungen ausgelöst, die in früher Kindheit für die Intelligenzentwicklung notwendig sind und in späteren Altersstufen mit angemessenen Aktivierungen und Funktionssteigerungen einhergehen. Vorgänge der Ermutigung sind in diesem Sinne als gelungene Interaktionen zwischen dem Kind/dem Jugendlichen und seiner Umwelt interpretierbar, bei denen das Erlebnishandeln in Einklang mit den erworbenen Persönlichkeitsmerkmalen, den Könnensmustern und den Erwartungs-haltungen in Bezug auf Erfolg und Misserfolg sowie die Verstärkung durch die soziale Umwelt gebracht und auf dieser Basis weiterentwickelt wird. Es sind insbesondere auch die positiven Reaktionen der anderen, vor allem der Gleichaltrigen, die den Einzelnen in Erlebnissituationen in seiner personalen Identität bestärken und ihn zur positiven Weltzuwendung ermutigen.

# *Erlebnisturnen - Was ist das?*

Die Antwort liegt auf der Hand: Erlebnisturnen ist die Umsetzung des Wagnisses in sportliche Praxis in Schule und Verein. Und sie wird den Leser zunächst erstaunen. Denn das Turnen befindet sich sowohl in der Schule als auch im Verein bis auf wenige resistente Reste auf dem Rückzug aus dem traditionellen Sportangebot. Es liegt bei Kindern und Jugendlichen am Ende der Beliebtheitsskala und hat auch bei den Verantwortlichen an Wertschätzung eingebüßt.

Ohne Zweifel ist Turnen ist eine spektakuläre Sportart. Es ist ein Erlebnis, den Könnern bei ihren circensischen Leistungen zuzusehen, und es ist sicherlich für den Turner ein Erlebnis, sein Können unter Beweis zu stellen und das in vielen mühevollen Stunden Erarbeitete darzustellen. Selbst zu turnen, d.h., selbst handelnd tätig zu werden, ist für Kinder und Jugendliche jedoch sehr unattraktiv geworden, weil sie schnell die Erfahrung machen, dass schon für kleinste Erfolge Mühen und Anstrengungen erforderlich sind, die man nicht bereit ist, auf sich zu nehmen. Während das Turnen früher als Hauptsportart in den Wintermonaten noch viele Erfolge feiern konnte, ist es heute an den Schulen schon seit Jahren in eine Krise geraten und ringt mit dem Leben. Turnen ist heute eine Sportart neben vielen anderen, und Erfolge sind in den anderen viel schneller zu erreichen, was sie attraktiver macht und das Turnen noch mehr an den Rand drängt mit der Tendenz, ganz darauf zu verzichten. Da auch die Verantwortlichen den pädagogischen Wert von Mühe für die Entwicklung von Kindern und Jugendlichen nicht mehr zu schätzen wissen, fällt es umso leichter, sich dem Trend zu ergeben.

Keine Sportart kann jedoch die mit dem Turnen und nur mit dem Turnen verbundenen Bewegungsmöglichkeiten ersetzen. Mit den Formen des Stützens, Hängens, Schwebens, Fliegens und Schwingens kann in nicht vergleichbarer Weise die dritte Dimension des Raumes erschlossen werden, und in den verschiedenen Weisen des hoch-tief, oben-unten, hin-her, unten durch - oben drüber und hinauf - hinab liegen Chancen für umfassende Körper-, Bewegungs- und Umwelterfahrungen, die weit über das hinausreichen, was die derzeit im Schulsport bevorzugten „Fußgängersportarten" zu bieten haben. Situationen des Turnens, bei denen der feste Kontakt mit dem Boden aufgegeben wird, bedeuten auch ein Aufgeben von Sicherheit. Sie geben verstärkte Anlässe zur Selbstbeobachtung, wodurch eine „situationsbedingte Dramatik" (Schleske 1977, 41) entsteht.

In der Vielfalt der Bewegungsmöglichkeiten liegt auch ein besonderer affektiver Bereich, der mit der Ausrichtung des Turnens am wettkampforientierten Kunstturnen leider zugeschüttet worden ist. Wer mit dem Turnen nur die Mühe verbindet, liegt falsch. Es kommt vielmehr darauf an, die Kinder und Jugendlichen mit Kopf, Herz und Hand an das Turnen heranzuführen, was mit dem traditionellen Turnen nur noch bei wenigen gelingt. Hier nimmt das Erlebnisturnen seinen Ausgangspunkt. Es geht um die besondere Herausforderung und dabei in erster Linie darum, Neues zu entwickeln, neue, ganz andere Bewegungserfahrungen zu sammeln und die mit dem Turnen verbundenen Erlebnisse, die sonst nur dem Könner vorbehalten sind, durch besondere Arrangements auch schon dem Anfänger zu vermitteln. Erlebnisturnen stellt sich aus dieser Sicht als didaktisch-methodische Herausforderung an das konstruktive Interesse von Lehrern und Übungsleitern und an ihren kreativen Gestaltungswillen.

Erlebnisse sind im Turnen in ganz unterschiedlicher Art erfahrbar, für den Könner sicher ganz anders als für den im Turnen nicht so Begabten. Im Erlebnisturnen geht es insbesondere um die Reize, die durch die Bewegungsvielfalt, den Bewegungsreichtum und über die Gerätewelt des Turnens erschlossen werden können. Erlebnis im Turnen bedeutet, etwas als lustvoll und spannend, beschwingt und rhythmisch, risikoreich und herausfordernd zu erleben.

Die Gerätewelt des Erlebnisturnens ist eine kreative Baustelle für die Gestaltung von Wagnissen, Risikosituationen und rauschhaften Erlebnissen mit Aufgabenstellungen, bei denen nicht so sehr die eigene Kraft gefordert ist, sondern eine Fremdkraft auf den Körper einwirkt, so dass man große Bewegungsumfänge mit nur mäßigen eigenen Kraftanstrengungen erfährt, bei denen Aufgabenstellungen zum: „Jetzt schaffe ich es aber!“ herausfordern, wie sie bei kleinen Kunststücken, bei denen man sich besonders konzentrieren muss, entstehen, und sie werden dadurch erfahren, dass Großes entsteht, obwohl der einzelne nur ein Teil davon ist. Dabei geraten einige Geräte sofort ins Blickfeld wie Ringe, Taue, Minitrampolin und Weichboden. Von Bedeutung ist aber auch der Barren als Basisgerät für große Aufbauten. Andere Geräte werden wiederentdeckt wie Gitterleiter, Sprossenwand und Kletterstangen. Darüber hinaus gilt es, den Gerätebestand zu erweitern, denn Trapeze, die in die Ringe eingehängt werden können, und Taue (Tampen), die man zwischen Großgeräten verspannen und in die man andere Geräte (z.B. Bänke) beweglich einhängen kann, können das Angebot erheblich erweitern. Und schließlich sind die Kinder und Jugendlichen selbst die Geräte beim Aufbau von Menschenpyramiden in der Akrobatik.

Im Mittelpunkt der Bewegungsangebote des Erlebnisturnens stehen *Springen, Schwingen, Balancieren* und *Klettern*. *Springen* wird zum Erlebnis, wenn es mit Höhe und Weite verbunden ist und Gefühle des Schwebens, Fliegens und Fallens ermöglicht. Das geschieht im besonderen Maße im Zusammenhang mit dem Minitrampolin. Auch das *Schwingen* kann mit Höhe und Weite in Zusammenhang gebracht werden, so dass Fliegen und Beschleunigen, das Vergrößern der Amplitude und trotzdem im festen Griff die Kontrolle behalten zu rauschhaften Erlebnissen gesteigert werden können. Beim *Balancieren* geht es um die Bewältigung von

Situationen, in denen das Gleichgewicht verloren zu gehen droht, so dass die Konzentration und die Aufmerksamkeit darauf gerichtet werden müssen, es zu erhalten bzw. es immer wieder herzustellen. Beiläufig auftretende Gefühle der Unsicherheit werden dabei wieder in solche der Sicherheit umgewandelt und umgekehrt. Ganz ähnliches Erleben ist mit dem *Klettern* verbunden, bei dem es darum geht, auf schmalen Flächen mit Händen und Füßen Halt zu suchen. Dabei werden sichere Orte verlassen, um andere sichere Orte aufzusuchen, auch wenn man sich auf dem Weg dorthin nur mühsam halten kann. Je größer die erreichte Höhe, je kleiner die Stützfläche und je weiter entfernt die nächste sichere Stützfläche, desto größer ist die erlebte Herausforderung. Verwandt mit dem Klettern ist die *Körperakrobatik* bis hin zum Aufbau von großen Menschenpyramiden, bei denen die Übenden selbst die Stützflächen, Klettergriffe und Haltegriffe darstellen.

*Springen, Schwingen, Balancieren* und *Klettern* bilden die wesentlichen Grundlagen des Bewegungsangebotes im Erlebnisturnen. Für sie gilt es, Mut zu machen und Herausforderungen zu stellen, bei denen ein Bewegungsrausch empfunden und ein Kitzeln im Bauch gespürt werden kann, bei denen man Sterne sieht und bei denen man sich schwerelos fühlt, bei denen man ein gewisses Risiko spürt und ein bisschen Angst, die überwunden werden muss, bei denen man die eigenen Grenzen durch Selbstüberwindung überschreitet, bei denen man Gefährdungen trotz allem aber sicher und verlässlich ausschließen kann.

# *Praxis des Erlebnisturnens*

## *Körperspannung erleben*

Wer Körperspannung hält, wird tragbar wie ein Baumstamm und kann wie ein Baumstamm bewegt werden. Die Notwendigkeit, den Körper gespannt zu halten, haben wir schon in vorherigen Kapiteln kennen gelernt. So gelingt es, den Übenden in der Mitte eines Kreises zu rotieren, nur dann, wenn dieser seinen Körper gespannt hält. Auch das Hin-und-herpendeln zwischen zwei Partnern gelingt nur bei entsprechender Körperspannung.

Liegt der Übende auf dem Boden, kann er von einem Helfer ohne weiteres in den Schulterstand gehoben werden, wenn er nur eine angemessene Körperspannung halten kann.

Über den Handstütz am Boden gelingt es, den Übenden in verschiedene „freie“ Liegestütze zu heben.

Besonders knifflig wird es, wenn der Übende in dieser Position gerollt wird, so dass er vom Stütz vorlings über den Stütz seitlings in den Stütz rücklings gelangt.

Zwei Helfer schaffen es, den Übenden aufrecht ein Stück voranzutragen, wenn dieser Körperspannung hält.

Nur mit gespanntem Körper kann der Übende nach vorne in die Bauchlage oder nach hinten in die Rückenlage abgesenkt werden. Mit geschlossenen Augen wird daraus ein besonderes Erlebnis.

Mit Griff an den Füßen und an den Schultern kann der Übende in voller Länge angehoben werden.

In dieser Lage kann der Übende wie eine Wippe bewegt werden, in dem die tragenden Helfer ihn im Wechsel absenken und wieder anheben.

Aus der Bauchlage auf dem Boden wird der Übende von zwei Helfern in den Handstand gehoben, wenn es ihm gelingt, den Körper gespannt zu halten.

Wie eine Uhr wird der Übende von zwei Helfern herumgedreht, die ihn waagerecht auf ihre Arme gelegt haben. Das geht bäuchlings und auch rücklings mit festem Griff der kräftemäßig entsprechend ausgestatteten Helfer.

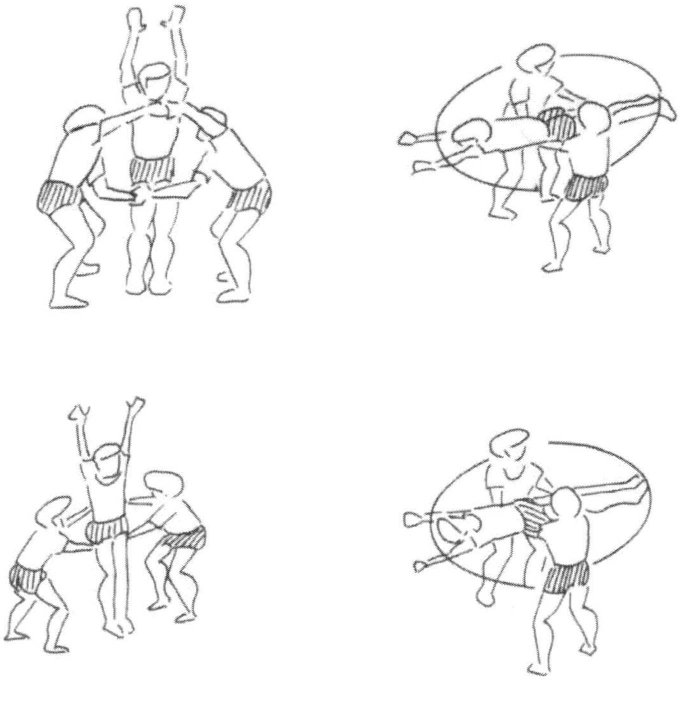

Der im Stand gespannte Körper kann von zwei Helfern relativ leicht weggetragen werden. Im nicht angespannten Zustand ist das kaum möglich. Auch das sollte mal erfahren werden.

Nur mit angespanntem Körper ist der Übende tragbar. Dann gelingt auch der Lift. Er bewegt sich von ganz tief, halb hoch und dann ganz hoch über den Kopf. Die tragenden Helfer achten vor allem bei der Position ganz tief auf das Tragen mit geraden Rücken.

Die Gruppe schafft es ohne Schwierigkeiten, den Übenden über den Kopf zu heben und ein Stück wegzutragen.

Mit entsprechender Körperspannung gelingt es sogar, den Übenden wie einen „Reißverschluss" durch die Hände der Helfer zu schieben und wieder zurückzuziehen. Zum Abschluss wird der Übende an den Achselhöhlen entgegengenommen.

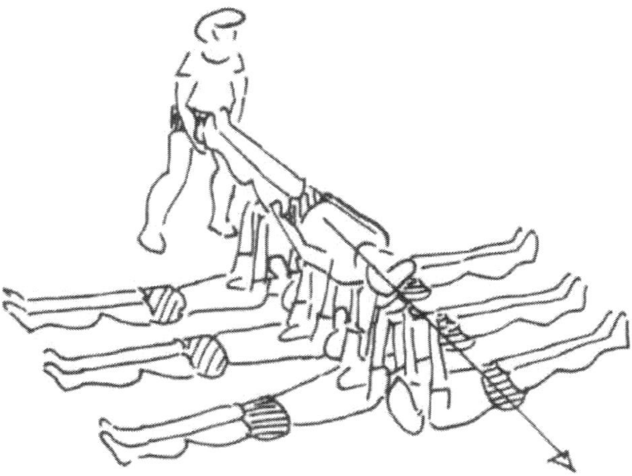

# *Der Gruppe vertrauen*

## *Wir fallen*

Beim Fallen werden der sichere Stand oder die sichere Ausgangsposition aufgegeben. Der Übende überlässt sich für einen Augenblick der Ungewissheit in der Erwartung, wieder in eine sichere Position zu gelangen. Man lässt sich nur dann fallen, wenn man Vertrauen hat, dass man die Fallbewegung selbst zu einem sicheren Abschluss führt oder weich aufgefangen wird. Dafür gibt es im Turnen besondere Fertigkeiten, besondere Geräte oder die Möglichkeit, den Übenden durch Helfer aufzufangen. Letztere stehen im Mittelpunkt der folgenden Übungen.

Erste Erfahrungen mit Situationen, fallend aufgefangen zu werden, macht der Übende im Innern eines Kreises. Er spannt seinen Körper und fällt wie ein Baumstamm in die haltenden Hände der Helfer.

Variationen sind Pendelbewegungen zwischen zwei Helfern vor und zurück oder seitwärts.

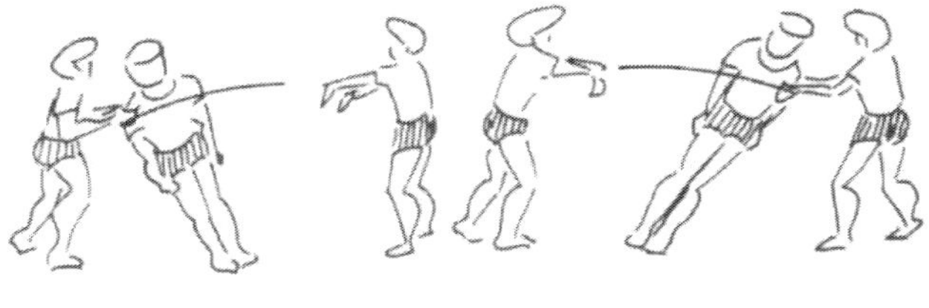

Ein längerer Fallweg wird erreicht, wenn der Übende von einer erhöhten Position herunterfällt. Wichtig ist auch bei diesen Übungen eine angemessene Körperspannung (Baumstamm). Ein sicheres Gefühl wird vermittelt, wenn die Helfer dem Übenden die fangenden Hände entgegenstrecken. Er fällt weich in die nach oben offenen Handflächen.

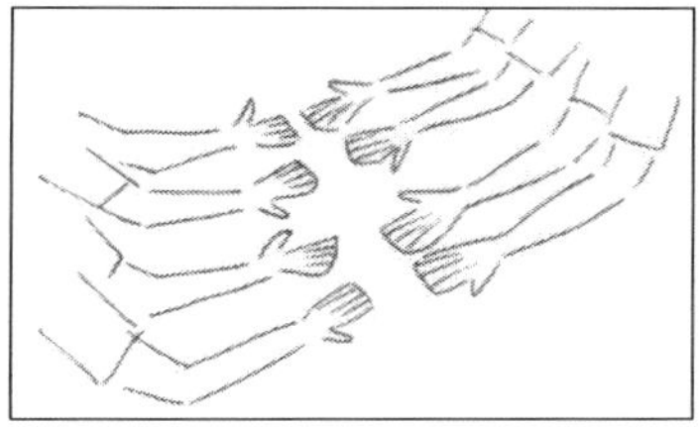

Mit Hilfe kleiner Kästen kann die Fallhöhe allmählich erhöht werden, und es gelingt auch, angemessen zu differenzieren.

Auch der große Kasten bietet Möglichkeiten der Differenzierung und schließlich eine richtig große Fallhöhe, bei der die entgegen gestreckten Hände zum Schaffen des Vertrauens ganz besonders wichtig sind.

Ein besonderer Kitzel wird erreicht, wenn ein Übender rücklings auf dem Boden liegt und der Fall direkt in dessen Richtung erfolgt. Dabei nehmen die beiden Übenden Blickkontakt miteinander auf.

Bedeutend kitzliger wird es, wenn der Fall rückwärts ohne Blickkontakt zu den fangenden Händen erfolgt. Auch diese Aufgabe sollte methodisch von unten nach oben aufgebaut werden. Das Fallenlassen erfolgt auf Zuruf der Gruppe.

Ein Fallen aus dem Fliegen wird mit dem Minitrampolin ermöglicht. Erste kleine Flüge können allmählich erweitert werden. Der Übende landet mit gespanntem Körper in den entgegen gestreckten Armen der Helfer.

Die Spannung wird erhöht, wenn der Flug aus dem Doppelsprung von zwei hintereinander stehenden Minitrampolinen ausgeführt wird.

## *Wir rotieren*

Erste Erfahrungen werden mit dem Überfallen aus dem Handstand gesammelt. Auch bei dieser Aufgabe ist die Körperspannung unbedingt erforderlich, d.h., die Übenden müssen das Aufschwingen in den Handstand sicher beherrschen. Zunächst sorgt eine Hilfestellung für sichere Voraussetzungen.

Dann schafft es der Übende allein.

Zwei Helfergruppen werfen einen Übenden von der Bauchlage in die Rückenlage und dann wieder zurück. Die Sicherung erfolgt mit Klammergriffen an den Oberarmen. Die jeweils empfangende Gruppe streckt dem Übenden die sichernden Hände entgegen und fängt diesen mit nach oben geöffneten Händen.

Am etwa hüfthohen Reck stehen zwei Gruppen auf beiden Seiten des Recks. Der Übende wird mit festem Griff an der Stange und Körperspannung aus der Bauchlage auf der einen Seite über den Handstand in die Rückenlage auf der anderen Seite „geworfen“.

An jedem Reck turnen zwei Übende, sie beginnen auf verschiedenen Seiten. Die Bewegungsausführungen erfolgen gleichzeitig. Die Helfergruppe, die ihren Übenden aus der Bauchlage in den Handstand hebt, fängt den Übenden der anderen Seite nach schnellem Positionswechsel in der Rückenlage.

Wichtig ist der abgestimmte Einsatz der Helfergruppen. Sie handeln gleichzeitig und wechseln dabei ihren Standort von der Wurfseite zur Fangseite.

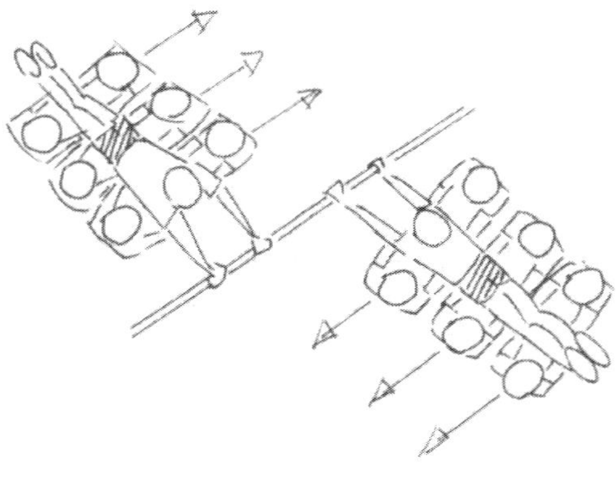

Ein Übender rotiert um die Reckstange. Auf jeder Seite des Recks steht eine Helfergruppe (Gasse). Der Übende beginnt mit festem Griff mit Durchlaufen unter der Reckstange auf die andere Seite. Dort wird er von der ersten Helfergruppe in Empfang genommen und in den Handstand aufgerichtet. Aus dieser Position lässt er sich mit Körperspannung in die Bauchlage fallen, in der er von der zweiten Helfergruppe aufgefangen wird.

Der Höhepunkt ist das Rotieren um die Reckstange zu zweit. Die beiden Übenden beginnen auf der gleichen Seite. Sie haben beide festen Griff am Reck und greifen mit der zugewandten Hand über Kreuz. Der Übende mit der unteren Griffposition beginnt mit dem Unterlaufen der Reckstange. Er wird von der Helfergruppe in den Handstand gehoben. In dem Augenblick, in dem der erste Übende in die Bauchlage hinabfällt und die Helfergruppe auf der anderen Seite des Recks wieder bereitsteht, beginnt der zweite Übende seinen Lauf.

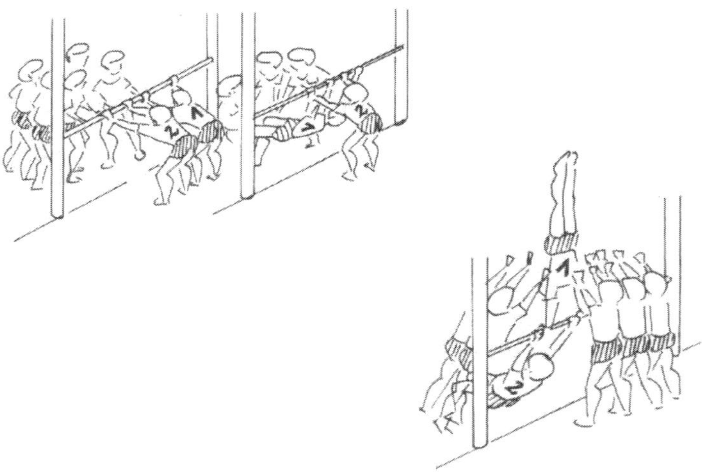

# *Fliegende Menschen am Trapez*

Das Trapez gehört nicht zur Grundgeräteausstattung von Sporthallen. Es kann jedoch als Zusatzgerät bei Geräteherstellern beschafft und dann in ein Ringepaar eingehängt werden. Aus jedem Ringepaar entsteht so eine Trapezturnanlage. Das Turnen an den schwingenden Ringen, das für Kinder und Jugendliche durchaus auch schon erlebnishafte Züge haben kann, ist nicht Voraussetzung für den Umgang mit dem Trapez, es kann jedoch nicht schaden, wenn schon Erfahrungen mit dem Schwingen und dem dafür erforderlichen Schwungabstoß vorliegen.

Am Anfang des Trapezturnens steht das Vertrautmachen mit den doch etwas anderen Bedingungen, die sich durch den Griff (Ristgriff) an der Trapezstange ergeben. Wichtig ist der Schwungabstoß mit einem Schrittkontakt kurz vor der Senkrechten beim Vor- und Rückschwung.

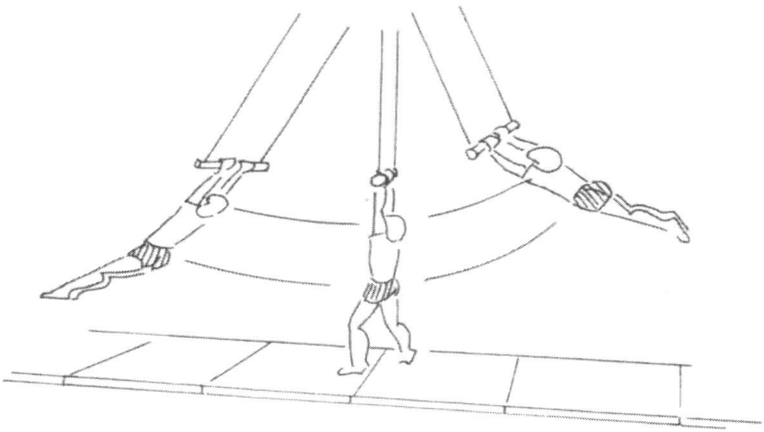

Das Gerät kann, solange der Übende Bodenkontakt hat, mit dem Schrittkontakt beim Vorschwung und gleichzeitigem Lösen des Griffes auch wieder verlassen werden. So ist es z.B. auch beim Ringeturnen üblich. Für die Sicherheit beim Trapezturnen ist es jedoch günstig, den Übenden das Verlassen des Gerätes im hinteren „Totpunkt“ zu vermitteln. Dieser muss in Fleisch und Blut übergehen. Ein ausgelegter Fahrradreifen dient der Orientierung.

Zwei etwa gleich große Übende können an einem Trapez schwingen, wenn sie ihre Aktionen beim Schrittkontakt und bei den Endschwüngen aufeinander abstimmen. Das ist eine rhythmisch interessante Aufgabe.

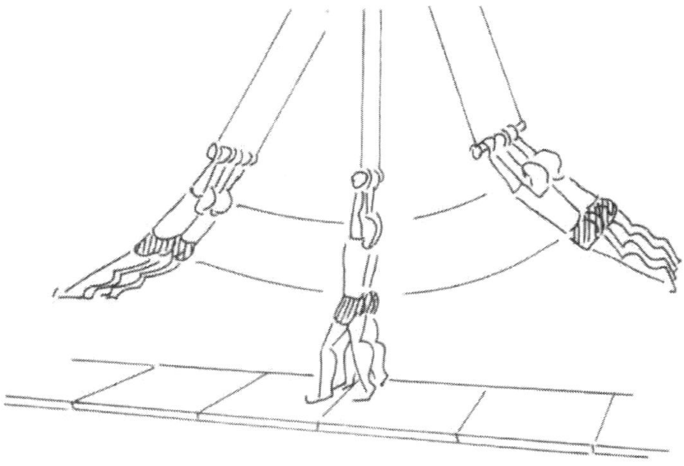

Rhythmisch schwierig und ähnlich reizvoll ist das Synchronschwingen an zwei Trapezanlagen. Bei dieser Aufgabe spielt die Körpergröße der Übenden keine Rolle.

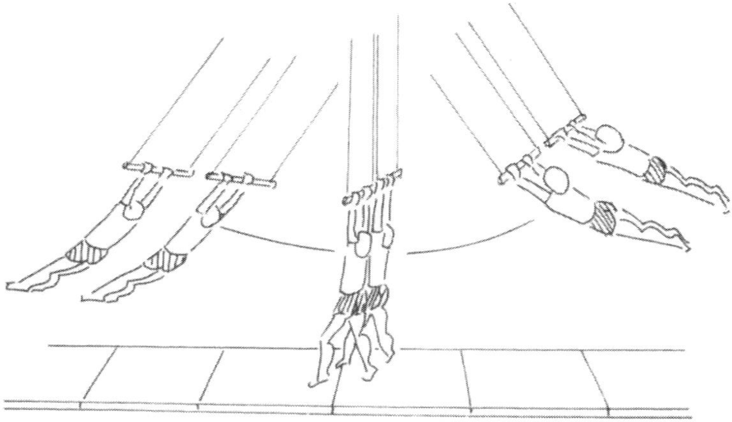

Zu zweit geht es auch in der Form, dass jeweils einer vorwärts und einer rückwärts schwingt. Diese Aufgabe verlangt eine besondere Abstimmung der Übenden.

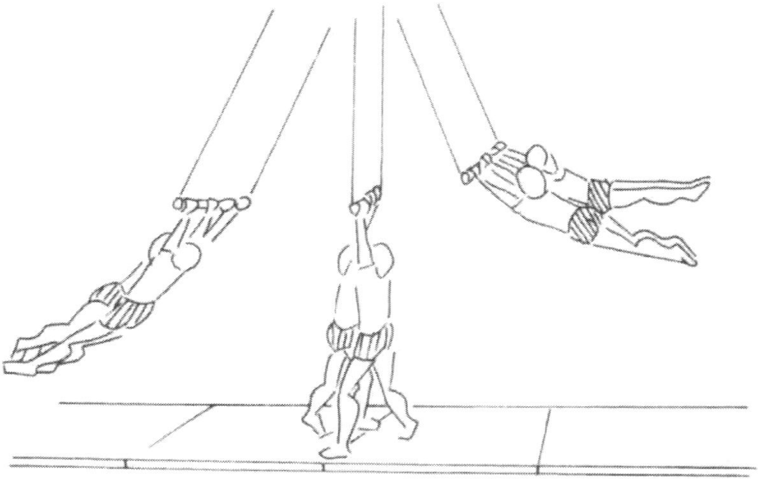

Eine interessante Variation ist schließlich das Schwingen zu dritt an zwei Trapezstangen, bei dem der Übende in der Mitte jedes Trapez mit einer Hand ergreift.

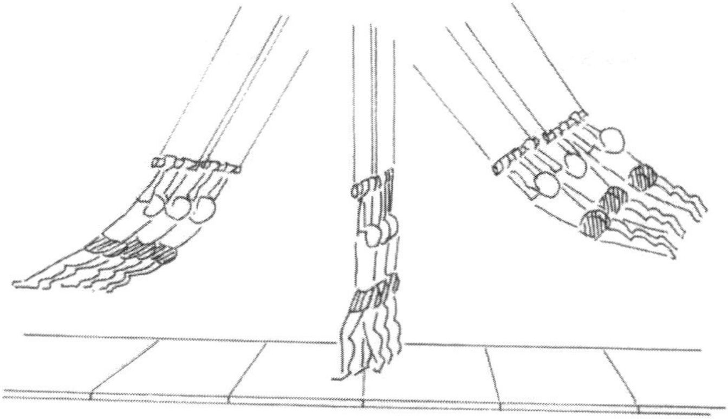

Sicherheit gewinnen die Übenden durch Variationen der Aufgabenstellung, so z.B., wenn beim Synchronschwingen für beide Übende eine Landestelle vorbereitet ist.

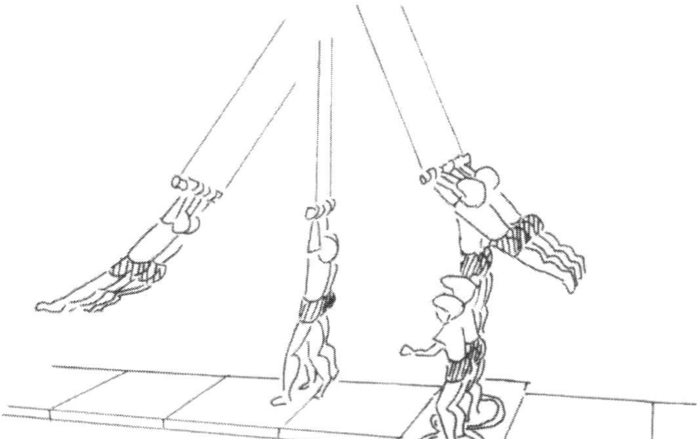

Der Sprung ans schaukelnde Gerät verlangt Mut und Präzision in der Bewegung. Am einfachsten ist diese Aufgabe vom Boden aus. Dafür wird das Trapez vom Übenden selbst je nach Selbsteinschätzung kräftig oder weniger kräftig vorgeschaukelt.

Nach einiger Sicherheit in der Bewegungsabstimmung erfolgt der Sprung ans Trapez aus dem Anlauf mit beidbeinigem Absprung.

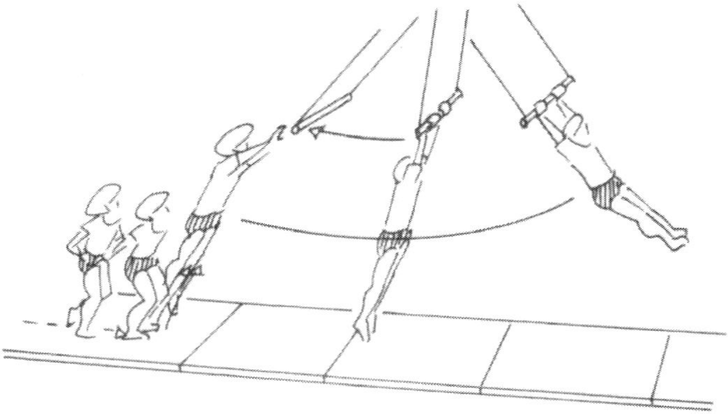

Wir steigern die Schwierigkeit der Aufgabe durch einen Ansprung vom Reutherbrett. Der Niedersprung erfolgt am Ende des Rückschwunges in den schon bekannten Reifen. Ein Helfer sichert den Abgang vom Gerät.

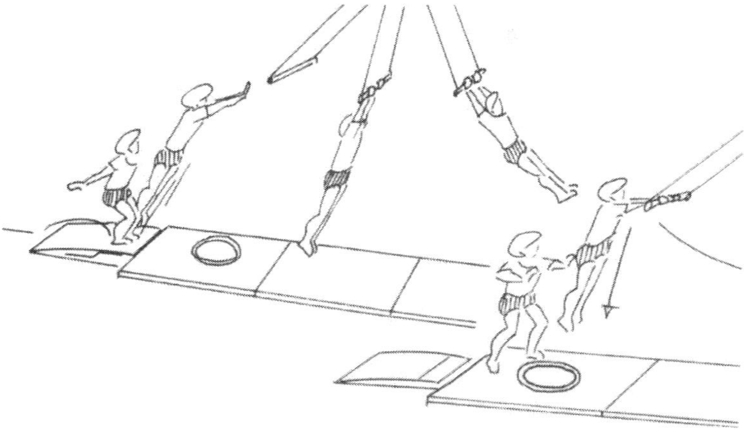

Noch einmal gesteigert wird die Schwierigkeit durch den Ansprung ans Trapez von einem Minitrampolin. Vor dem Minitrampolin liegt unbedingt ein Weichboden. Ein darauf platzierter Reifen markiert die Niedersprungstelle. Wichtig ist die Sicherung des Niedersprunges durch einen Helfer.

Von einem Kasten aus wird der Pendelschwung gleich mitgeliefert. Je höher die Ausgangsposition des Übenden ist, desto spannender wird die Herausforderung erlebt. Der Niedersprungbereich wird durch einen Weichboden gesichert.

Eine herausfordernde Aufgabenstellung ist der Sprung ans Trapez von einer Erhöhung. Von einem kleinen Kasten sammeln die Übenden die ersten Erfahrungen.

Der Ansprung vom hohen Kasten ist eine echte Mutprobe. Entsprechend vorbereitet wird sich so mancher („Das schaffe ich!“) darauf einlassen.

Eine neue Herausforderung ist der Flug in die Arme der Helfer am Ende des Rückschwunges. Die bisherigen Erfahrungen haben die notwendige Sicherheit gebracht, um diese Aufgabe wagen zu können. Zunächst wird der Übende nur so hoch schwingen, dass beim Endschwung gerade die Reichhöhe der Helfer erreicht wird. Diese bilden, zu beiden Seiten stehend, eine Gasse und fangen den Übenden auf, wenn dieser den Griff am Trapez gelöst hat. Die entgegen gestreckten Arme schaffen Vertrauen. Der Übende wird mit nach oben offenen Händen aufgefangen.

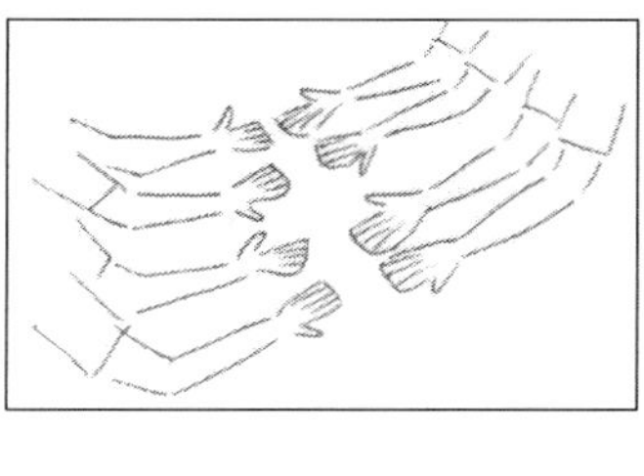

Mit zunehmender Sicherheit werden die Schwierigkeit und der Nervenkitzel durch den „Abflug" aus hohem Rückschwung gesteigert.

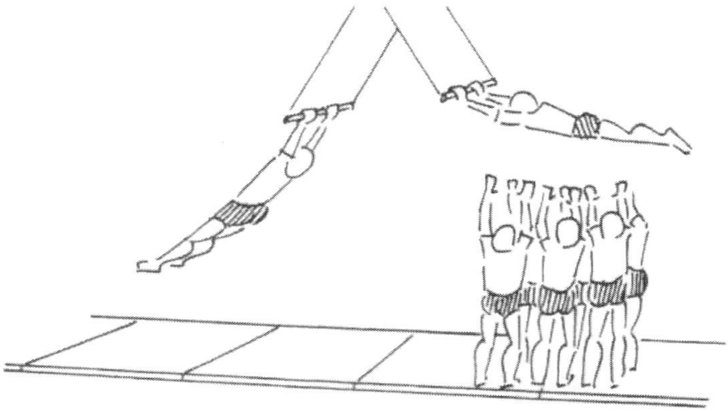

Auch nach dem Ansprung vom Minitrampolin bietet sich dieser Abgang am Ende des Rückschwungs als spannende Variante an. Die Helfergruppe steht nur auf normalen Matten sicher.

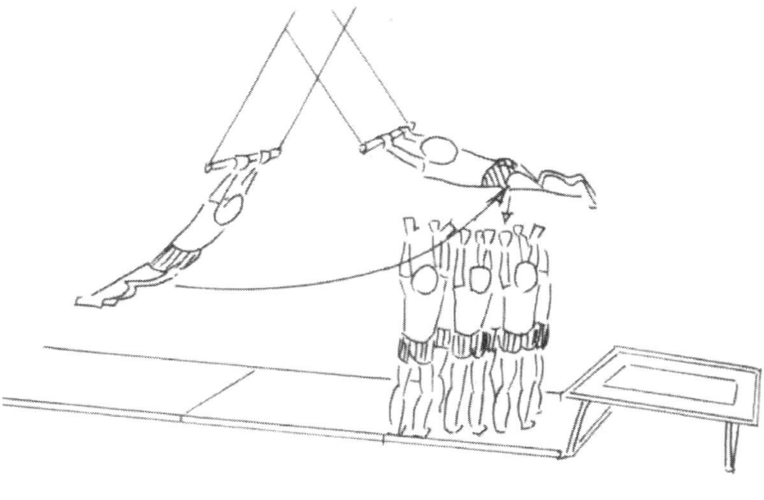

Eine gerne geturnte Variante ist das Schwingen im Stand auf dem Trapez. Wir beginnen in Bodennähe, in der der Übende allein aufsteigen kann. Die Schwungverstärkung kann durch Helfer erreicht und auch allein geschafft werden.

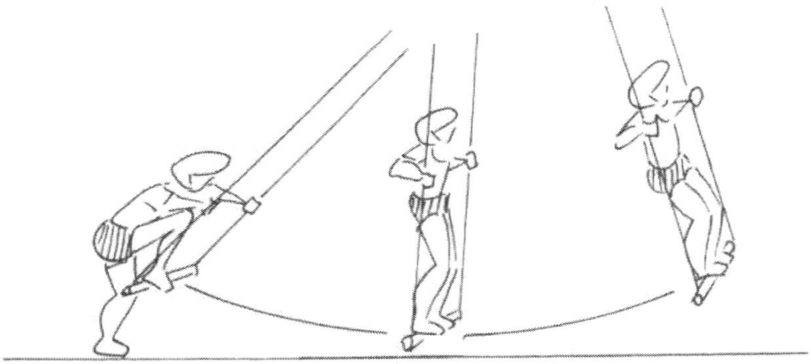

Das geht auch zu zweit. Bei entsprechender Abstimmung gelingt auch die Schwungverstärkung.

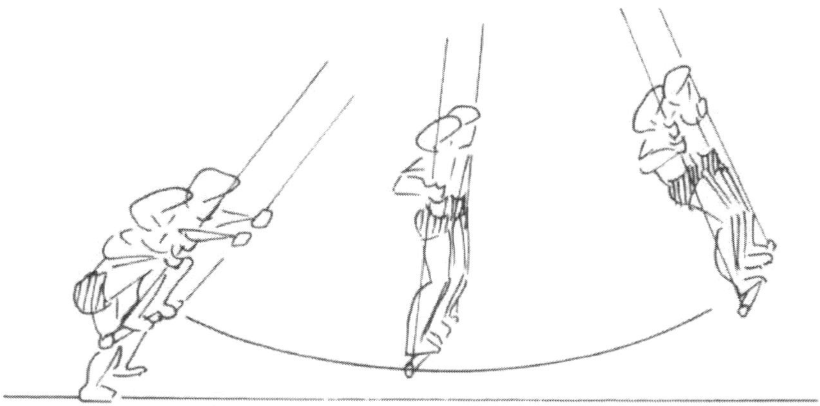

Nach angemessenen Erfahrungen geht es in luftige Höhe. Helfer sorgen zunächst für eine angemessene Schwungverstärkung.

Auch in luftiger Höhe geht es zu zweit auf nur einem Trapez. Zwei Helfer sorgen für einen angemessenen Schwungabstoß und für die Sicherheit.

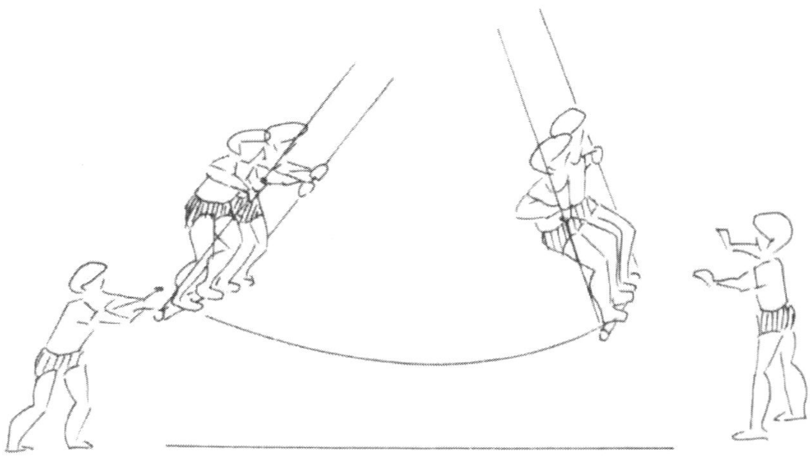

Schwierig wird es, wenn zwei Übende das Trapez von verschiedenen Seiten besteigen. Auch hier sorgen zwei Helfer für den Schwung und für die Sicherheit.

Von einer Erhöhung wird das Schwingen im Stand noch einmal spannend, und zwar je höher der Kasten, desto spannender.

Schwieriger als das Schwingen im Langhang oder im Stand ist das Schwingen im Stütz. Da es nicht einfach ist, das Gleichgewicht und bei den auftretenden Kräften den Stütz zu halten, sind erste Versuche mit einem Sprung in den Stütz vom Boden angemessene Aufgabenstellungen.

Auch beim Schwingen im Stütz wird das Gerät im hinteren „Totpunkt“ mit einem Sprung in den Stand verlassen, Der feste Griff am Trapez sorgt für zusätzliche Sicherheit.

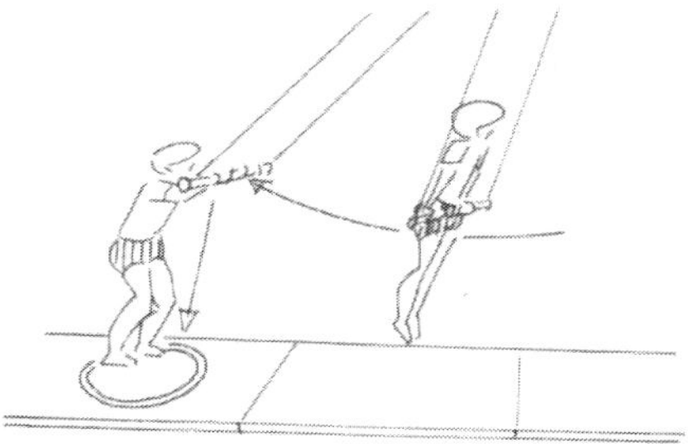

Bei angemessener Abstimmung gelingt das auch zu zweit an einem Trapez. Helfer können für eine angemessene Schwungverstärkung sorgen.

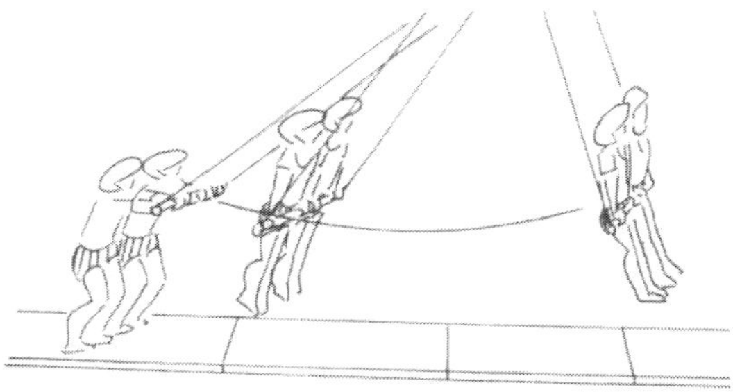

Schwierig wird es, wenn zwei Übende von verschiedenen Seiten in den Stütz springen. Zwei Helfer geben Schwungverstärkung und sichern die Übenden.

Je höher die Ausgangshöhe, desto größer der Schwierigkeitsgrad und die erlebte Herausforderung. Aus der Höhe von zwei Kastenteilen werden die notwendige Sicherheit und die Zuversicht für weitere Steigerungen gewonnen.

Auch diese Aufgabe gelingt nach entsprechender Erfahrung zu zweit. Die erhöhte Ausgangslage sorgt für einen ordentlichen Schwung.

Vom hohen Kasten ist der Pendelausschlag größer, so dass beim Schwingen im Stütz auch eine größere Geschwindigkeit erreicht wird.

Beim Schwingen von Kasten zu Kasten wird ein tiefer Graben überwunden. Der Position des gegenüberliegenden Kastens muss dem Pendelausschlag entsprechend so eingerichtet sein, dass der Übende ihn ohne Not mit beiden Füßen erreicht. Dabei ist ein fester Griff am Trapez auch noch nach der Landung wichtig für die Sicherheit, damit ein eventuelles Zurückfallen aufgefangen werden kann.

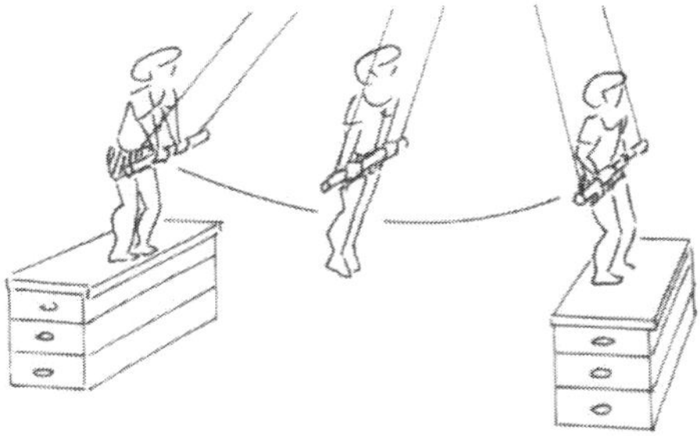

Eine spannende Variante ist die Kombination von Stand und Stütz. Der Übende im Stütz liegt dabei wie ein „Flieger“ waagerecht in der Luft.

Vom Kasten herunter geturnt wird die Spannung noch einmal erhöht.

# *Körperakrobatik - wir sind Bausteine*

---

Akrobatik hat etwas von Zirkuskunst und besitzt deshalb für Kinder und Jugendliche eine besondere Anziehungskraft. Man muss sich trauen, aneinander hochzuklettern. Dabei ist das Vertrauen in sich selbst, in die eigenen Fähigkeiten und die Bereitschaft, das Risiko einzugehen, eventuell doch das Gleichgewicht zu verlieren und zu fallen, genauso gefordert wie das Vertrauen in die anderen. Voraussetzung für das Gelingen akrobatischer Figuren ist, dass man sich aufeinander verlassen kann.

Akrobatik ist vor allem die Erlebniswelt des Miteinander-Umgehens. Die Übenden sind aufeinander angewiesen und voneinander abhängig. Alle akrobatischen Figuren haben mit Körperkontakt zu tun. Kinder und Jugendliche lernen dabei, körperlich miteinander umzugehen und dieses behutsam zu tun.

Körperakrobatik reicht von Übungen zur Partnerbalance über Menschenpyramiden in Dreier- und Vierergruppen bis hin zu großen Pyramiden mit einer Vielzahl von Teilnehmern. Die soziale Kommunikation erfolgt in erster Linie durch Körperkontakt, muss aber verbal fortgesetzt werden, wenn der geforderten Behutsamkeit Genüge getan werden soll. Falsch gesetzte Füße und falsch gesetzte Belastungen müssen nicht ertragen werden. Pyramiden, die im Unterbau falsch stehen, werden wieder abgebaut, und es wird mit dem Bau noch einmal begonnen. Wenn der Partner falsch steht oder wenn er falsch Position bezieht, so dass es weh tut, ist die verbale Kommunikation die einzige Möglichkeit, das Miteinander zu regeln. Der Ausruf eines Einzelnen muss dafür ausreichen.

Mit guter Abstimmung gelingt Sensationelles problemlos. Bevor es aber losgeht, gilt es einige wichtige Regeln zu klären. Dazu gehören die Kenntnis der Körperstellen, die problemlos belastet werden können, die Körperhaltung beim Tragen von Gewicht im aufrechten Stand und die Aufstiegstechniken. Und es geht nicht nur um die Tatsache, dass die Körper von Kindern und Jugendlichen noch nicht ausgereift und deshalb labil und verletzlich sind, sondern es geht um Regeln, die grundsätzlich bei der Körperakrobatik beachtet werden müssen. Hier interessieren uns die Bankstellung als Basis für viele Pyramiden und die aufrechte Körperhaltung. Die Aufstiegstechniken werden im Zusammenhang mit den Pyramiden, insbesondere auf den Arbeitskarten dargestellt. Die Bankstellung ist der sicherste Baustein eines Pyramidengebäudes. Wer mit Heranwachsenden hoch hinaus will, kommt an ihr nicht vorbei. Mit Bankstellungen wird das stabile Fundament der Pyramiden gebaut. Da sie viel Gewicht zu tragen haben, ist eine korrekte Ausführung notwendig. Dazu gehören (1) ein gerader Rücken, (2) lotrecht stehende Oberschenkel und Arme und (3) hüft- und schulterbreit auseinander gestellte Arme und Beine. Darüber hinaus muss jeder wissen, auf welchen Körperstellen des bankstellenden Partners er, ohne Schmerzen zu verursachen, schonend und sicher stehen kann. Grundsätzlich erfolgt der Aufstieg auf die Bank oberhalb der Unterstützungsstellen, d.h. im Bereich der Hüfte und im Bereich der Schulter. Festes Schuhwerk muss dabei abgelegt werden.

Bei Figuren im Stand gilt es, eine aufrechte Körperhaltung einzunehmen. Das Gewicht wird mit geradem Oberkörper aus gebeugten Beinen gehoben, nicht mit vorgebeugtem Oberkörper, was den Rücken zu sehr belasten würde. Die Füße sind schulterbreit oder etwas breiter auseinander gestellt, und sie zeigen natürlich nach vorne. Heranwachsende sollten im aufrechten Stand niemals mehr als ihr eigenes Körpergewicht tragen, und diese Belastung sollte nur von kurzer Dauer sein.

Jedes Abspringen verursacht plötzliche Druckbelastungen, egal von welcher Stelle es erfolgt. Deshalb ist es unbedingt zu vermeiden, auch wenn die Pyramiden wieder abgebaut werden. Günstig und schonend geht man vor, wenn man eine Pyramide genauso wieder abbaut, wie sie aufgebaut wurde.

Bei den ersten Übungen werden die schon vorhandenen Erfahrungen erweitert. Aus der frontalen Stellung mit doppeltem Handgriff verlagern beide Übende ihr Körpergewicht unter Armstreckung nach hinten: Gewicht geben und Gewicht nehmen, bis die Körper ausgelotet sind.

Im stabilen Gleichgewicht können sie in dieser Position Körper- und Beinbewegungen durchführen.

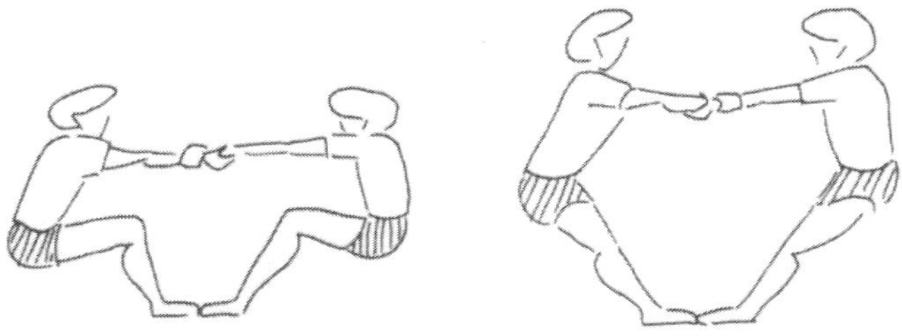

Schwieriger ist es, wenn die Übenden sich nur eine Hand geben.

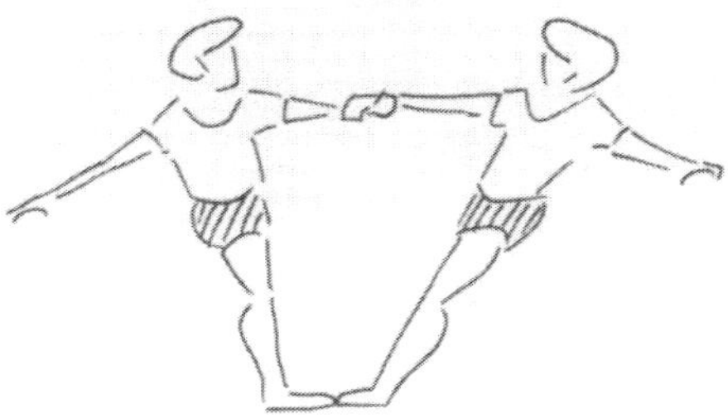

Ein Übender steht mit gefassten Händen mit dem Rücken zum anderen. Aus dieser Position lässt er sich mit gespanntem Körper langsam nach vorne fallen.

Jetzt stehen die Übenden Rücken an Rücken und lassen sich mit festem Griff beider Hände voneinander weg nach vorne fallen.

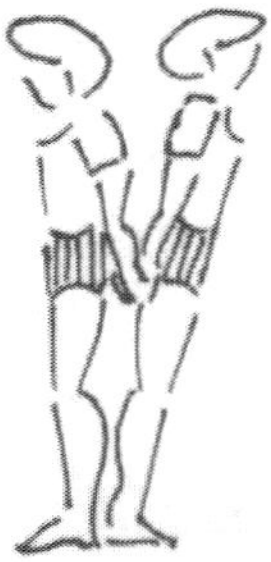

In der erreichten Endposition versuchen sie das Gleichgewicht zu halten, während sie leichte Kniebeugen ausführen.

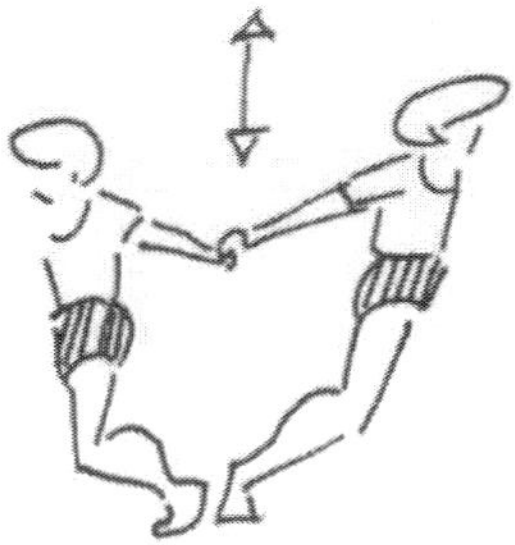

Zu einer ähnlichen Bewegungsausführung kommt es aus der Seitstellung. Dabei können die Übenden die Füße geschlossen halten oder ein Bein seitlich abspreizen.

Körperspannung und Gleichgewicht müssen gehalten werden, wenn nicht die Oberkörper, sondern die Beine der Übenden sich voneinander weg bewegen. Die Übenden stehen dabei Rücken an Rücken oder mit einer Schulter am Rücken des anderen.

Bei den folgenden Akrobatikübungen in Zweiergruppen übernimmt einer die Aufgabe, den anderen zu tragen. Am einfachsten geht das in der Bankstellung, die dem Partner eine Reihe von akrobatischen Möglichkeiten eröffnet. Bei jeder Figur muss der Übende auf den Rücken des Partners aufsteigen. Dieser kann das Körpergewicht nur tragen, wenn dieses an den unterstützten Stellen, d.h. im Bereich der Hüfte und im Bereich der Schultern, aufgesetzt wird. Die nur von der Wirbelsäule gehaltene „lange Brücke" muss dabei geschont werden.

In Rückenlage auf dem Rücken des Partners liegend streckt der Übende die Beine senkrecht nach oben.

Der Übende steigt in Bankstellung auf die Bank des anderen. Dabei ergreift er die Schultern und setzt zunächst einen Unterschenkel auf die Hüfte des Partners.

Genauso gut geht es andersherum. Dabei werden zunächst die Hände auf die Hüfte des Partners gesetzt und dann ein Unterschenkel auf eine Schulter.

Variationen ergeben sich durch Wegstrecken eines Beines, eines Armes oder eines Beines und des diagonalen Armes.

Etwas kippelig ist das Schrittknien auf dem Rücken des Partners, bei dem wieder die Hüfte und die Schultern das Gewicht des Übenden tragen.

In den Stand auf der Hüfte des Partners gelangt der Übende über den Vierfüßlerstand.

Beim Grätschstand mit einem Fuß auf der Schulter und einem auf der Hüfte des Partners wird mit dem Aufstieg an der Hüfte begonnen, wobei beide Hände sichernd auf den Rücken gesetzt werden.

Der Stand auf einem Bein ist eine interessante Steigerung, bei des es ganz schön kippelig wird.

Richtig schwierig wird es beim einbeinigen Stand mit Standwaage auf der Hüfte des Partners.

Und schließlich ist auch der Schwebesitz auf der Hüfte des Partners eine akrobatische Leistung, bei der es gilt, das Gleichgewicht zu halten.

Wenn die verschiedenen Akrobatikfiguren bekannt gemacht worden sind, können sie in verschiedenen Programmen gestaltet werden. Eine Möglichkeit ist der „Bankkreis". Die Übenden wechseln in einem vorgegebenen Intervall (z.B. durch eingespielte Musik deutlich gemacht) von Station zu Station. An jeder Station wird eine andere Figur dargestellt. Die Figuren können jeweils frei gewählt werden, oder es sind Karten ausgelegt, auf denen die Aufgaben abgebildet sind.

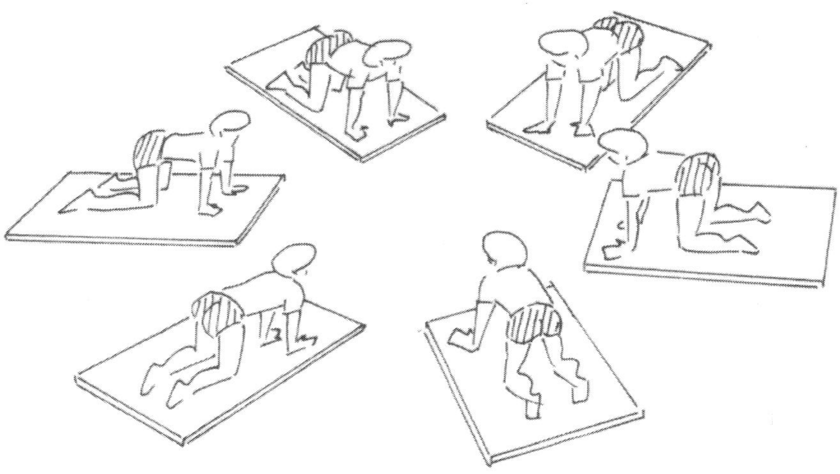

## ***Rückenlage auf der Bank***

Aufrollen über das Becken

in die
Rückenlage auf der Bank

## ***Bank auf Bank***

Aufsteigen mit den Schienbeinen auf den Beckenkamm

in die
Bank auf der Bank

# ***Bank auf umgedrehter Bank***

Aufsteigen mit den Schienbeinen auf den Schultern

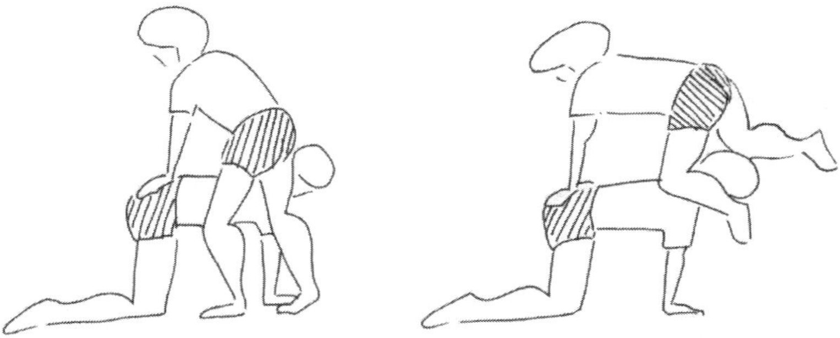

in die
umgedrehte Bank auf der Bank

## *Kniewaage auf der Bank*

Aufsteigen über das Becken

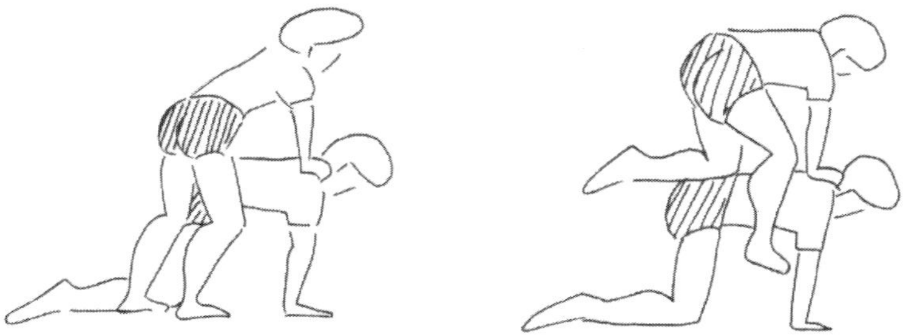

in die
Kniewaage auf der Bank

## *Schrittknien auf der Bank*

Aufsteigen über das Becken

in das
Schrittknien auf der Bank

## *Grätschstand auf der Bank*

Aufsteigen über Beckenkamm und Schulter

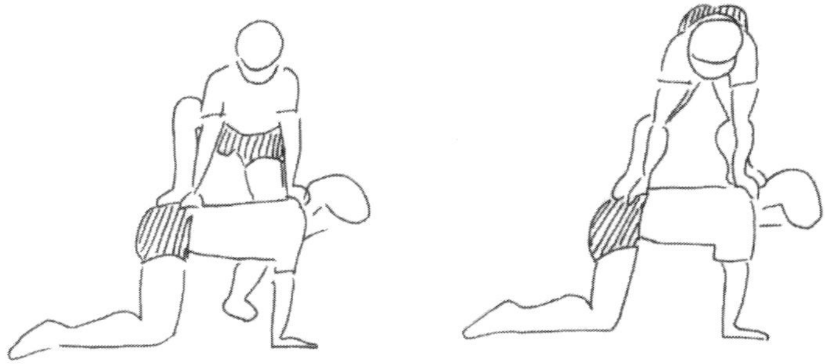

zum
Grätschstand auf der Bank

## *Stand auf der Bank*

Aufsteigen über den Beckenkamm

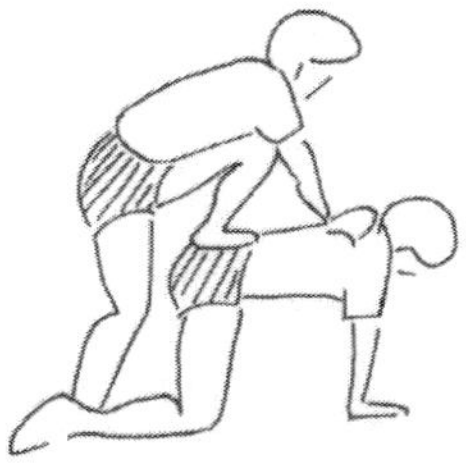

in den
Stand auf der Bank

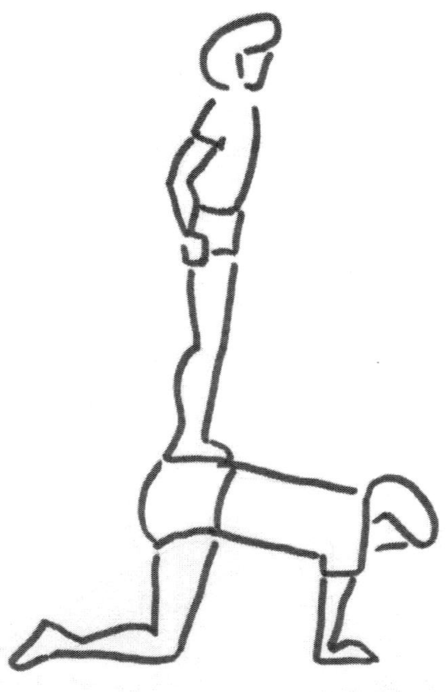

## *Einbeiniger Stand auf der Bank*

Aufsteigen über Beckenkamm und Schulter

zum
einbeinigen Stand auf der Bank

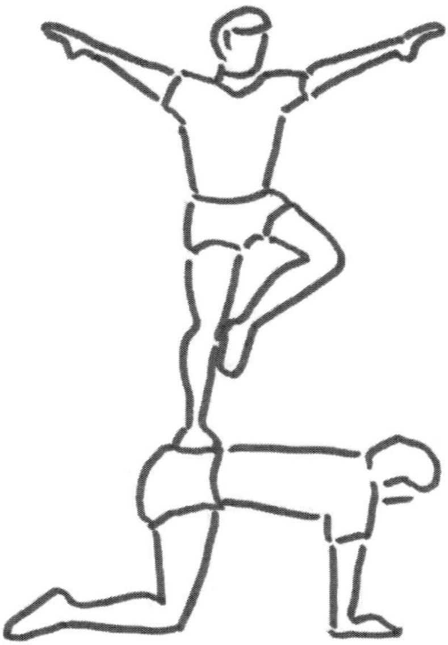

## ***Standwaage auf der Bank***

Aufsteigen über den Beckenkamm

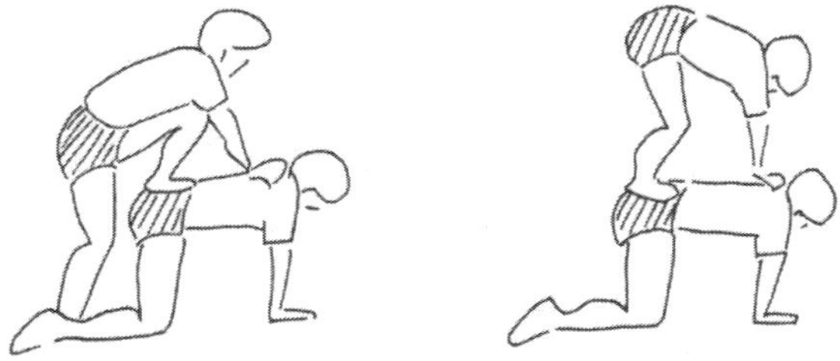

in die
Standwaage auf der Bank

## *Schwebesitz auf der Bank*

Aufsitzen über das Becken

in den
Schwebesitz auf der Bank

Mit der Partner-Akrobatik sind wichtige Grundsteine für eigene kreative Gestaltungen gelegt. Dafür lassen wir die Paare zusammen und ergänzen sie zu Vierergruppen. Alles, was durch Zusammenführung zweier Paare gestaltet werden kann, steht jetzt im Mittelpunkt. Hier nur ein paar Beispiele:

Zwei Bänke stehen in unterschiedlicher Richtung nebeneinander. Die auf dem Rücken liegenden Partner formen ein großes „U".

Zwei Bänke stehen mit den Köpfen beieinander wie auch die darauf errichteten Standwaagen, die sich mit Handgriff stabilisieren.

Auf zwei nebeneinander, aber in verschiedener Richtung stehenden Bänken stehen zwei Übende im einbeinigen Stand.

Die bankstellenden Partner zeigen voneinander weg. Mit zwei Schwebesitzen mit den Füßen aneinander wird zwischen ihnen ein großes Fenster gebildet.

Erfahrungen mit der Bankstellung schaffen die Grundlage für spätere größere Aufbauten der Körperakrobatik. Als Partneraufgaben legen sie einen wichtigen Grundstein für das Üben zu zweit. Vom Schwierigkeitsgrad her gesehen sind sie jedoch nur ein Einstieg in die Partnerakrobatik, denn es gibt eine Reihe von Steigerungen, bei denen der tragende Partner sich in Rückenlage oder im Stand befindet.

Der Übende sitzt im Strecksitz auf den Füßen des Partners und wird von diesem zusätzlich mit den Händen an den Unterschenkeln abgestützt. Der Partner hebt den Übenden durch die anfangs gebeugten Beine in diese Position und umfasst von Beginn an dessen Unterschenkel.

Schwieriger ist der Sitz anders herum, weil jetzt die unterstützenden Hände wegfallen. Auch in diese Position gelangt der Übende über die anfangs gebeugten Beine des Partners.

In der Bauchlage ist die Orientierung etwas leichter. Auch können Gleichgewichts-Probleme beim Einnehmen der Position leichter mit Griff der Hände ausgeglichen werden.

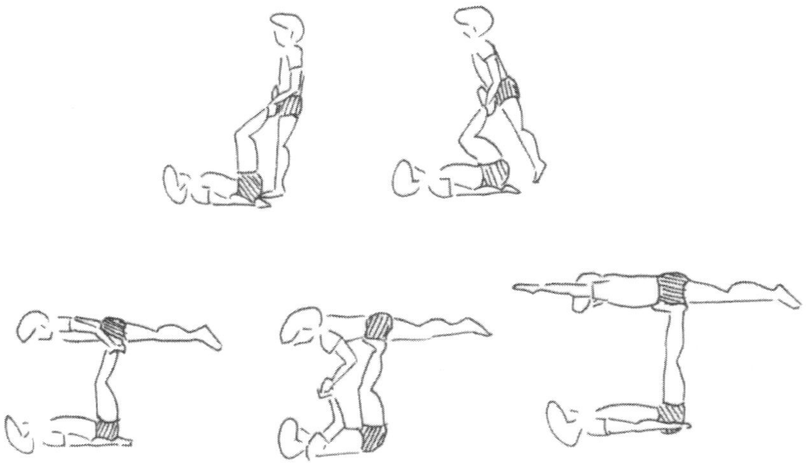

In der Rückenlage hat der Übende kaum eine Orientierung. Er erlangt sie wie beim Strecksitz über die gebeugten Beine des Partners.

Der Stand auf den Oberschenkeln des Partners verlangt eine ausreichende Beinkraft. Das Gleichgewicht kann zunächst leichter gehalten werden, wenn der Partner sich mit dem Rücken an einer Wand abstützt.

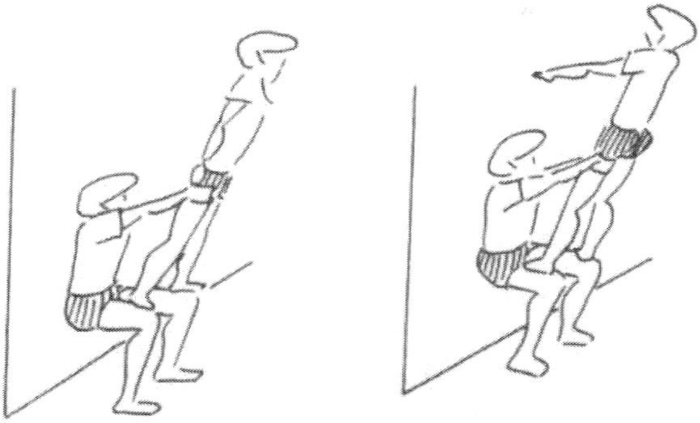

Ob an der Wand oder frei im Raum, der Aufstieg erfolgt schrittweise von Oberschenkel zu Oberschenkel mit fester Handfassung.

Das gilt auch für den Aufstieg nach hinten, bei dem der Übende an der Hüfte oder an den Händen gehalten wird.

Hoch hinauf geht's beim Stand auf der Schulter des Partners, bei dem der Partner anfangs seine Oberschenkel als Treppe anbietet. Ganz sicher steht der Übende mit geschlossenen Beinen, mit am Hinterkopf fixierten Schienbeinen und mit deutlicher V-Stellung der Füße.

In ähnlicher Weise gelangt der Übende auch in den Kniestand und von da aus in die Kniewaage.

Eine äußerst schwierige Figur ist der Stand auf der Sohle des Partners. Zum Aufstieg beugt der auf dem Rücken liegende Partner die Beine, und der Übende erhält Unterstützung von einem Helfer.

Richtig akrobatisch wird es beim Schulterstand auf den Händen des Partners mit Abstützen auf dessen Knien.

In den Schulterstand kann der Übende auch zwischen den Knien des Partners gelangen. Dieser stützt seinen Stand mit dem Rücken an der Wand ab.

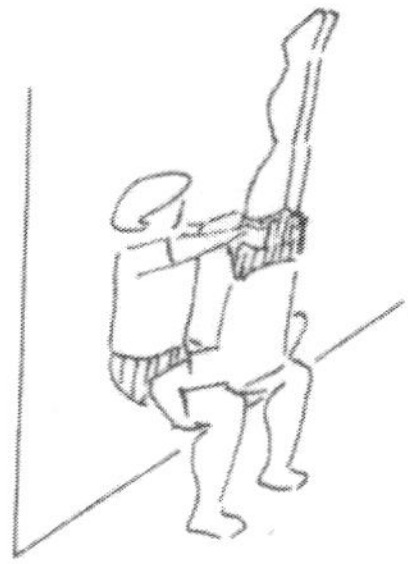

Wer einen Handstand schwingen kann, kann ihn auch auf den Oberschenkeln des Partners probieren. Dieser stützt seinen Stand wieder mit dem Rücken an der Wand ab.

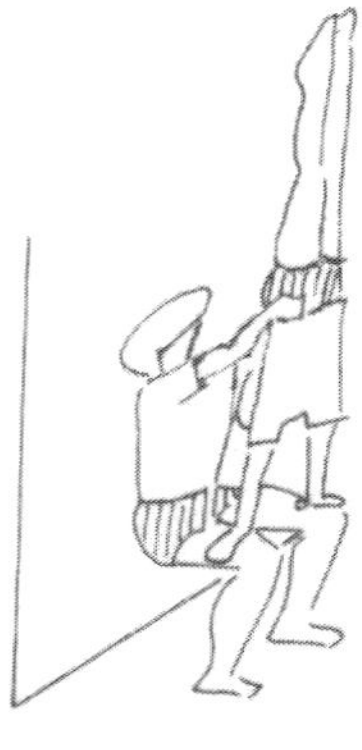

Eine interessante Figur zu zweit ist schließlich die „Fahne“, bei der der Übende mit einem Fuß auf dem Oberschenkel des Partners steht und, während er sich zur Seite legt, mit dem anderen Fuß an dessen Hals festhält.

Die nächst größere Einheit ist die Dreiergruppe. Zu dritt in Bankstellung schafft die Gruppe einen „Römischen Wagen“.

Höher hinauf geht’s in den Stand auf dem Römischen Waagen, den wieder zwei Übende in Bankstellung darstellen.

Mit den Fronten zueinander und festem Stütz auf den Schultern bauen sich drei Übende zum „Fachwerk“ nach oben.

Zwei Übende in Bankstellung rücken so weit auseinander, dass ein dritter in leichter Schrittstellung das Gleichgewicht auf ihren Becken finden kann.

Ein Partner in Bankstellung bietet eine feste Grundlage für einen Liegestütz des anderen mit Stütz auf dessen Schultern. Der dritte Übende sorgt für einen hohen Stütz, indem er mit festem Griff an den Unterschenkeln so weit herantritt, dass er die Arme senkrecht nach oben streckt.

Zwei Übende rücken im Liegestütz so weit aneinander heran, dass der dritte im Grätschstand auf ihren Schultern stehen kann.

Zwei Partner stehen Rücken an Rücken. Sie beugen sich vor und stützen sich fest mit den Händen ab. Der dritte Übende steigt in den Grätschstand auf den angebotenen „Tisch". Der Aufstieg gelingt am besten über die Bank eines vierten.

Zwei Partner stehen mit ihrer Front zueinander im Kniestand. Der dritte steigt körpernah auf die angebotenen Oberschenkel in den leichten Grätschstand auf.

Auf den Oberschenkeln seiner Partner steht der dritte in erhöhter Position. Beim Aufstieg bieten die Schultern der Partner sicheren Griff.

Ein Partner bietet im Strecksitz dem zweiten die Schultern zum Liegestütz an. Der dritte hebt den Liegestütz in die Höhe.

Zwei Partner, der eine in Bankstellung, der zweite in abgestützter Rumpfbeuge, bilden eine Treppe, die der dritte zum Aufstieg benutzt, um in den Stand auf der Erhöhung zu gelangen.

Ein Liegestütz auf den Schultern des liegestützenden Partners wird vom dritten Übenden so angehoben, dass ein großes Dreieck entsteht.

Nur Könner schaffen den Schulterstand auf den Armen sich gegenüberstehender Partner. Dafür gibt es unterschiedliche Aufstiegsarten.

Wie die Zweierpyramiden können auch die Dreierpyramiden in verschiedenen Programmen gestaltet werden. Eine Möglichkeit ist der Mattenkreis. Die Dreiergruppen wechseln nach vorgegebenem Intervall (z.B. mit Musik eingespielt) von Station zu Station. Auf jeder Station liegt eine Arbeitskarte, auf der die zu bauende Pyramide dargestellt ist.

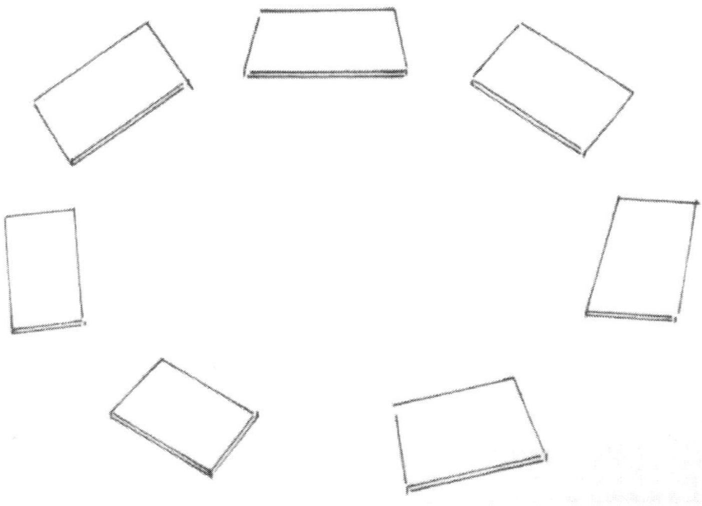

## *Römischer Wagen*

Aufsteigen mit den Schienbeinen über den Beckenkamm

in den
Römischen Wagen

## *Stand auf dem Römischen Wagen*

Aufsteigen über die Beckenkämme

in den
Stand auf dem Römischen Wagen

## *Fachwerk*

Aufsteigen auf den Beckenkamm
und jeweiliges Aufstützen auf den Schultern

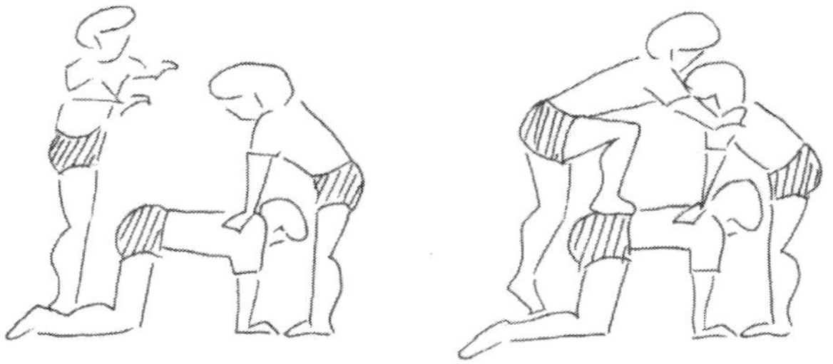

in das
Fachwerk

## *Bankbrücke*

Aufsteigen über die Beckenkämme

in den
Grätschstand zur Bankbrücke

# ***Stabiles Dreieck***

Aufsteigen über den Kniestand zum Liegestütz

und Heben in das
Stabile Dreieck

# *Liegestützbrücke*

Aufsteigen über die Schultern

in Grätschstand zur
Liegestützbrücke

# ***Kniebrücke***

Aufsteigen über die Oberschenkel
mit Abstützen auf den Schultern

zur
Kniebrücke

## *Oberschenkelbrücke*

Aufsteigen über die Oberschenkel
und Aufstützen auf den Schultern

zur
Oberschenkelbrücke

## ***Hohe Brücke***

Aufsteigen mit einer „Hilfsbank“

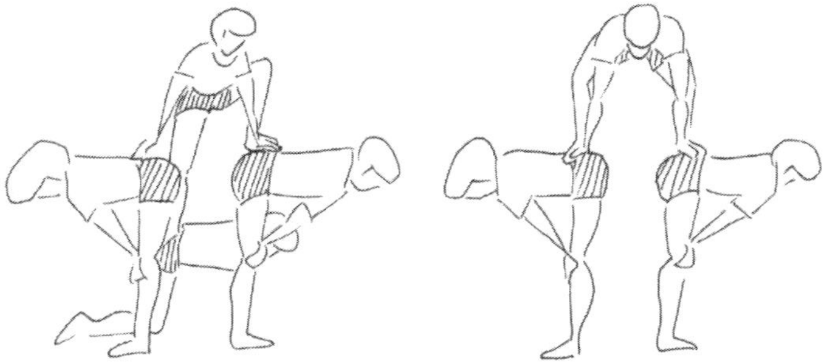

zur
Hohen Brücke

## ***Hohes Dreieck***

Aufstützen auf den Schultern und über den Liegestütz heben

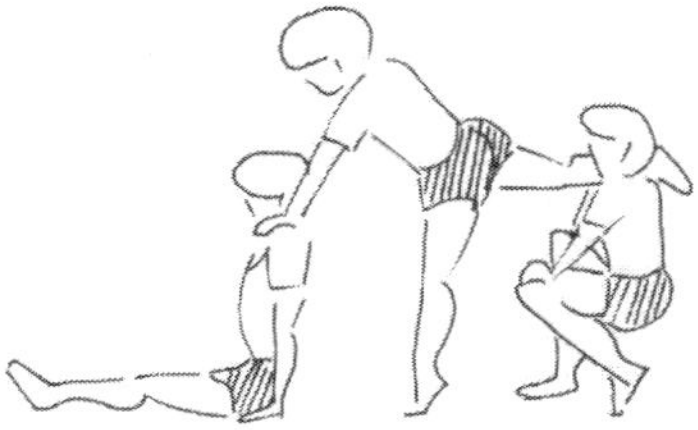

in das
Hohe Dreieck

## *Liegestütz-Dreieck*

Aufstützen in den Liegestütz auf den Schultern und heben

zum
Liegestütz-Dreieck

## *„Bremer Stadtmusikanten“*

Aufsteigen von hinten über die Banktreppe

in die
„Bremer Stadtmusikanten“

Je mehr Personen dazukommen, desto variabler werden die Figuren. In der Vierergruppe gibt es eine Vielzahl von Möglichkeiten, die ähnlich wie bei der Dreiergruppe ihren Reiz einerseits in der Gestaltung haben, andererseits durch den Schwierigkeitsgrad herausfordern.

Der „Römische Wagen“ wird dadurch erweitert, dass ein vierter Übender ganz oben hinaufsteigt.

Bei einer Variante zeigen die untersten Bankstellungen voneinander weg. Bei dieser Figur ist der Aufstieg etwas schwieriger.

Jetzt nimmt nur noch einer eine Bankstellung ein. Die anderen ordnen sich dazu stufenartig, jeweils auf den Hüften der unteren stehend, in immer höheren Positionen an. Beim Aufstieg geht der Griff der Hände an die Schultern, und die Füße werden seitlich auf die festen Hüften gesetzt.

Die Übenden sind in langer Reihe verbunden. Diese reicht vom Unterarmliegestütz über die Bankstellung bis hin zum Liegestütz in erhöhter Position. Jedes Anheben erfolgt mit möglichst geradem Rücken aus in Schrittstellung gebeugten Beinen.

Wenn eine Figur einen Handstand einschließt, kann dieser erst ganz zum Schluss, wenn alles andere sicher steht, aufgeschwungen werden.

Zwei Übende stehen mit gebeugten Beinen Rücken an Rücken im sicheren Stand, die anderen beiden heben sich mit entsprechender Unterstützung auf deren Oberschenkel in den Schulterstand.

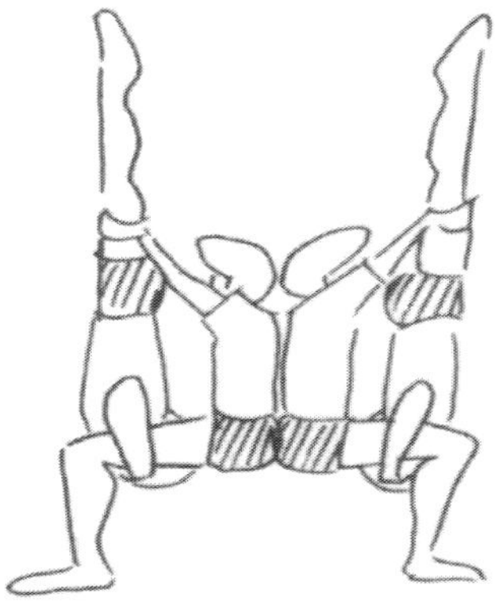

Noch schwieriger ist die Figur, wenn die Übenden in den Handstand aufschwingen. Zwei Helfer unterstützen das Aufschwingen.

Je größer die Gruppe, desto kleiner ist der Beitrag des einzelnen für die Gestaltung der Gesamtaufgabe. Das ändert nichts an seiner Wichtigkeit, denn nur durch das Funktionieren jedes Einzelnen nimmt die Figur die gewünschte Gestalt an.

Fünf Personen sind für eine Sitzpyramide erforderlich. Zwei sitzen auf dem Boden. Sie halten die Unterschenkel leicht geöffnet, damit zwei andere fest auf ihren Knien Platz nehmen und einem fünften ihre Oberschenkel zum Aufstieg anbieten können.

Hoch hinauf geht der Aufbau mit fünf Personen, wenn zwei Partner ihre Hüften zum Aufstieg anbieten. Dafür stützen diese sich auf den stabilen Schultern zweier Partner in Bankstellung ab. Der Aufstieg auf die Hüften wird am leichtesten durch einen weiteren bankstellenden Helfer erreicht.

Auf einem kräftigen Unterbau mit zwei bankstellenden Partnern haben drei aufrecht stehende Übende Platz zur Gestaltung.

Bei einer Standpyramide stehen drei unten und zwei oben. Die unten stehenden bieten ihre Oberschenkel zum Aufstieg an. Sie sichern die aufsteigenden Partner mit unterstützendem Griff an den Oberschenkeln.

Wenn zwei Übende das Aufschwingen in den Handstand sicher beherrschen, ist diese Gestaltung möglich. Der erhöht auf zwei bankstellenden Partnern stehende Helfer sorgt für einen sicheren Stand auf den Händen. Das Aufschwingen in den Handstand erfolgt am besten nacheinander. Erst wenn der eine sicher steht, schwingt der andere auf.

Sechs Personen bilden eine Pyramide. Alle sechs nehmen Bankstellung ein. Den Sockel bilden drei, auf ihre Rücken klettern zwei und die Spitze nimmt ein einzelner ein.

Ebenfalls sechs Personen werden für die nächste Figur benötigt. Zwei Übende platzieren sich in Bankstellung nebeneinander. Ihre Rücken dienen zwei anderen als Stützfläche für Liegestütze, in die diese durch zwei Partner hineingehoben werden. Das Anheben erfolgt körperschonend aus der tiefen Kniebeuge.

Mit einem Unterbau mit zwei Partnern im Kniestand und festem Schultergriff gelingt eine Erhöhung der Figur.

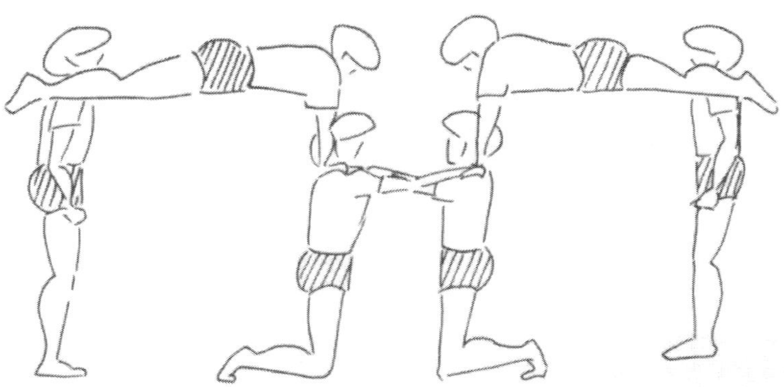

Noch höher hinauf geht es, wenn die Partner sich im Stand mit festem Schultergriff gegenüberstehen. Wie vorher sind Liegestütze, es sind aber auch Standwaagen möglich. Dafür werden den Partnern außen im Kniestand die Schultern zum Aufstieg angeboten. Der Aufstieg erfolgt über die Treppe Oberschenkel - Schulter. Oben angekommen sichern sie die Figur mit festem Griff an den Schultern und strecken ein Bein nach hinten weg.

# *Wackelige Angelegenheiten*

Bei wackeligen Angelegenheiten geht es darum, das Gleichgewicht zu halten. Alles, was schmal und labil ist, ist dafür geeignet. Als wackelig empfindet sich zunächst der Körper selbst, wenn er hoch oben auf schmalen Stegen unterwegs ist und „Schluchten“ überschreitet.

Je kleiner die Kinder, desto breiter zunächst der Steg. Die zwischen zwei Kästen eingelegte Bank ist eine spannende Herausforderung, wenn die Kästen entsprechend hoch sind. Wer noch ängstlich ist, bekommt Hilfe von einem Begleiter, der die Hand oder nur noch einen Finger reicht.

Die Holme eines eingeschobenen Barrens müssen beim Weg auf die andere Seite überwunden werden. Das geschieht mutig durch freies Übersteigen oder zunächst noch vorsichtig durch Festhalten.

Eine Steigerung des Schwierigkeitsgrades und damit der erlebten Herausforderung bedeutet die umgedrehte Bank. Der schmale Steg stellt eine kribbelige Herausforderung, die eventuell auch eine Begleitung erforderlich macht.

Eine interessante Variation kann dann angeboten werden, wenn eine Leiter vorhanden ist. Der Weg kann auf den seitlichen Stollen oder über die Sprossen gewählt werden.

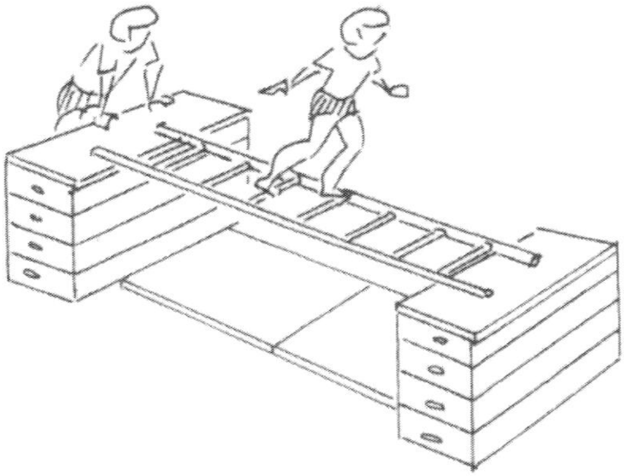

Der Barren ist ein ansprechendes Balanciergerät. Je höher er eingestellt ist, desto aufregender ist die Aufgabe, auf den Holmen von einer Seite zur anderen zu gelangen. Der Fallbereich ist mit Weichböden gesichert.

Jetzt geht es auf dem einen Holm bergauf und auf dem anderen bergab. Wenn mehrere Barren so aneinandergestellt werden, ergibt sich eine lange Balancierstrecke.

An einer Seite hochgestellte Barren werden so aneinander gestellt, dass die hohen und die niedrigen Enden jeweils zusammenstehen. So entsteht eine lange Berg-und-Tal-Bahn.

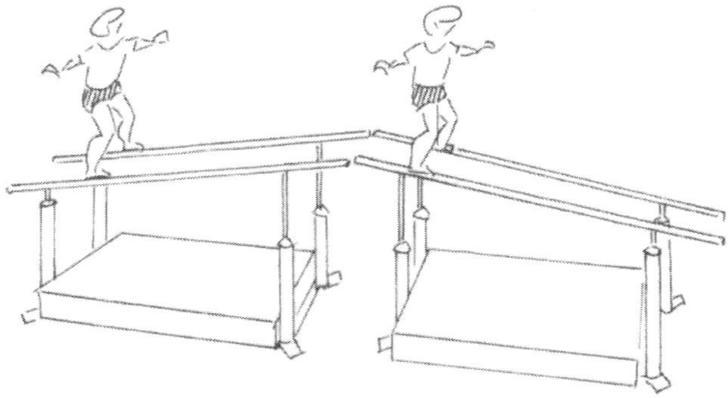

Der Barren ist auch ein ausgezeichnetes Basisgerät für große Balancieraufgaben. Mit eingehängten Bänken geht es erst hinauf, dann rüber auf die andere Seite und zum Schluss wieder hinunter. Der Bereich zwischen den Barren wird mit einem Weichboden gesichert.

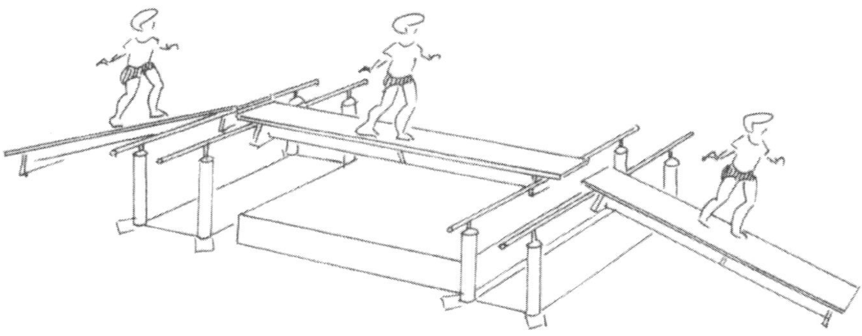

Besonders kribbelig wird es, wenn die Bank umgedreht wird, so dass die Übenden die andere Seite auf dem schmalen Steg erreichen müssen. Wie bei allen anderen Aufgaben schafft die Sicherung durch einen Weichboden subjektive und auch objektive Sicherheit. Vertrauen in den schmalen Steg gewinnen die Übenden am sichersten, wenn die Bank zunächst an den Unterstützungsstellen aufgelegt wird.

Auf dem breiten Unterbau können ganz verschiedene Balancieraufgaben angeboten werden. So können Übende mit unterschiedlichem Zutrauen an der gleichen Anlage üben. Je nach Mut wird auf schmalen oder breiten Wegen balanciert. Alle umgedrehten Bankstege müssen an den Auflagestellen unbedingt mit Springseilen gesichert werden.

Wenn die Bank in der Mitte der Holme aufgelegt wird, ist beim Balancieren ein leichtes Schwingen zu spüren. Das macht die Aufgabe spannender, aber auch schwieriger.

Eine spannende Balancieraufgabe entsteht bei einem langen, schmalen Steg, bei dem es zunächst hinauf, dann hinüber und dann wieder hinunter geht.

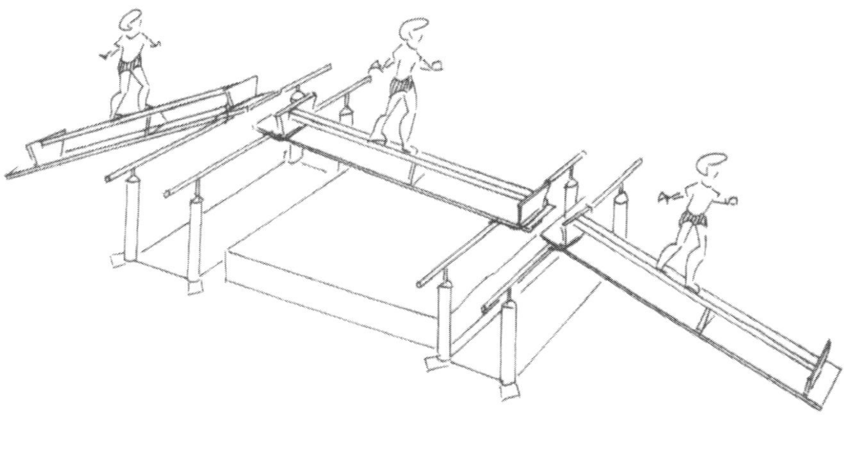

Mit Hilfe von Barren lässt sich die Höhe beliebig verstellen. In großer Höhe ist schon die normale Bank eine spannende Herausforderung.

Die parallel aufgelegten Bänke laden zu Gruppenaufgaben ein. Drei Übende erreichen die andere Seite mit Handfassung.

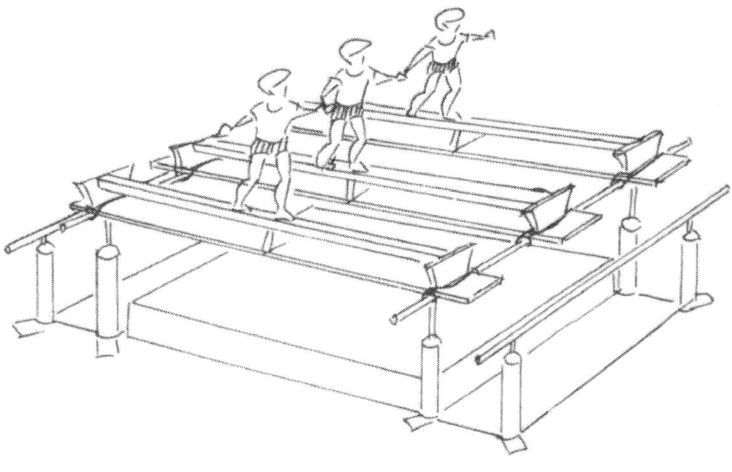

Spannender ist es, wenn der mittlere Übende dabei rückwärts geht. Eine Absicherung mit einem Weichboden ist aus Gründen der objektiven Sicherheit und des subjektiven Sicherheitsgefühls unbedingt erforderlich.

Je schmaler der Weg, desto schwieriger ist es, das Gleichgewicht zu halten. Die zwischen zwei kleinen Kästen aufgelegte Reckstange wird nicht so leicht bewältigt.

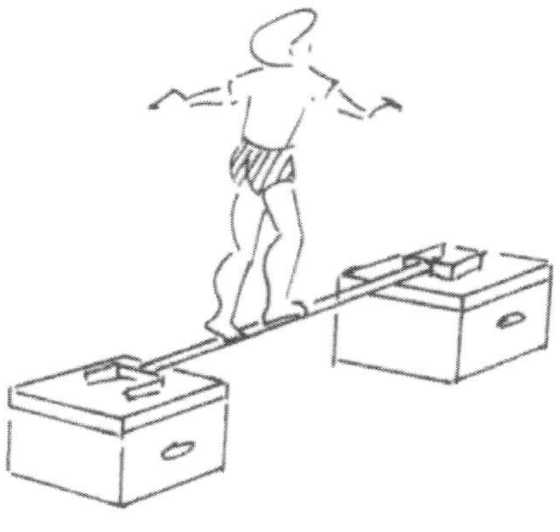

Die Aufgabe gewinnt an Schwierigkeitsgrad und Spannung, wenn zunächst auf zwei, dann nur noch auf einer Stange balanciert wird.

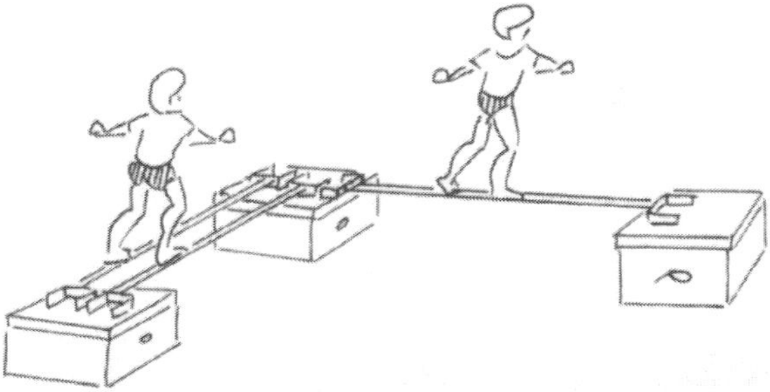

Das gleiche gilt für Aufgaben, bei denen unten begonnen wird und der Weg dann oben fortgesetzt wird.

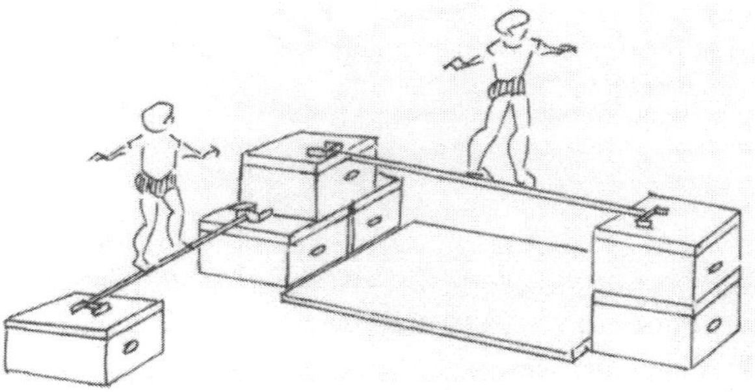

Mit Reckstangen kann ein langer Balanciersteg gestaltet werden. Je höher die unterstützenden Kästen sind, desto größer ist die erlebte Herausforderung. Wer es noch nicht allein wagt, wird von einer Begleitung unterstützt, die die ganze Hand oder nur noch einen Finger als Halt anbietet.

Wenn man es zu zweit wagt, findet man auch am Partner ein bisschen Halt. Das gilt vor allem für den Einstieg in den schmalen Weg, weil dann der Partner noch auf dem festen Kasten steht, und es gilt auch für den Ausstieg, weil dann der andere Partner schon wieder auf dem „rettenden" Kasten steht.

Jetzt tritt die ganze große Gruppe mit Handfassung an. Bei dieser langen Kette besteht immer Kontakt zu Übenden, die noch oder schon wieder festen Boden unter den Füßen haben. Je größer die Gruppe ist, desto länger sollte die Anlage ausgebaut werden, wobei es auch um die Ecke gehen kann.

Eine Möglichkeit, sich beim Balancieren selbst festzuhalten, bieten die Taue. Dafür wird die Anlage so aufgebaut, dass die fest installierten Taue die Reckstangen begleiten.

Ein mit Halbkugeln ausgelegter Weg ist auch eine wackelig erlebte Herausforderung. Die Anordnung der Geräte kann verändert werden, so dass sich dem Übenden immer neue Anforderungen stellen.

Die Bank ist für das Balancieren zu breit, und auch die umgelegte Bank steht zu fest, aber wenn die Bank an einem Ende labil aufgelegt ist, ergibt sich eine interessante Aufgabe.

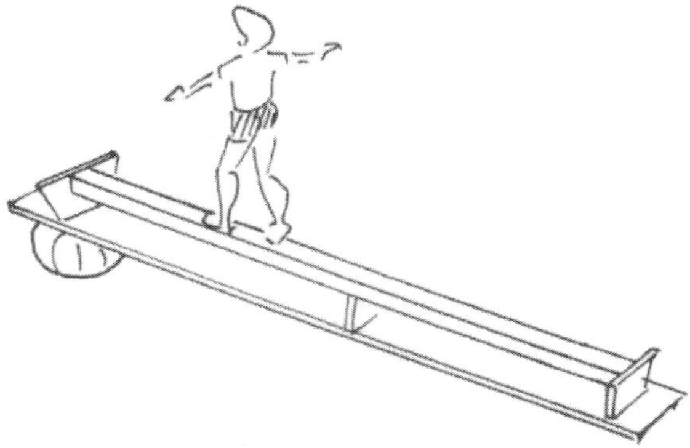

Noch wackeliger wird es, wenn die Bank in die mit einem Seil verbundenen Ringe oder in ein Trapez eingehängt wird.

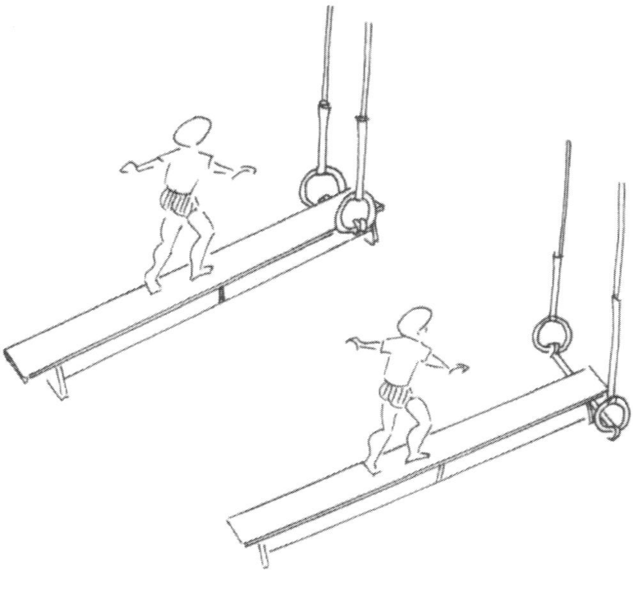

Ähnlich wackelig ist der Balanciersteg, wenn die Bank an zwei zusammengebundene Taue gehängt wird. Die Strecke ist erfolgreich bewältigt, wenn ein Kasten, der entsprechend an die Taue herangefahren wurde, erstiegen worden ist.

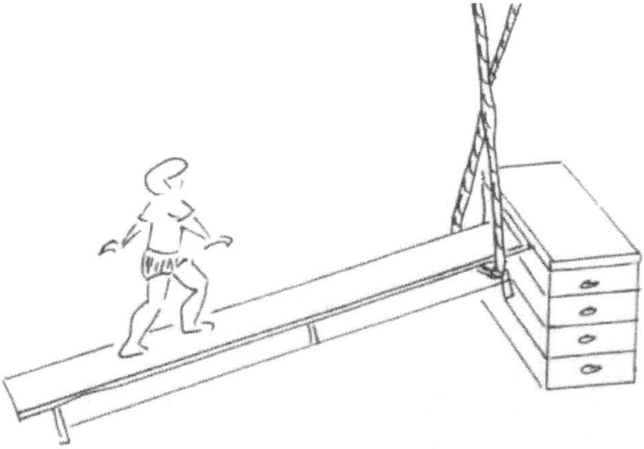

Eine deutliche Steigerung bietet die umgedrehte Bank. Bei den ersten Versuchen ist es auch möglich, den Übenden mit Handfassung oder nur durch Reichen des kleinen Fingers zu begleiten.

Notwendig für eine Reihe der folgenden Aufbauten ist das Beherrschen von Knoten, die fest genug sind, aber auch schnell wieder gelöst werden können. Bewährt haben sich der Palstek und der Halbe Schlag. Beide sollte man üben, bevor man sich an die nächsten Aufgaben heranmacht, damit sie im Unterricht wie selbstverständlich zur Verfügung sind. Für viele Konstruktionen reichen Halbe Schläge aus. Wer es fester haben will, sollte jedoch auf den Palstek zurückgreifen.

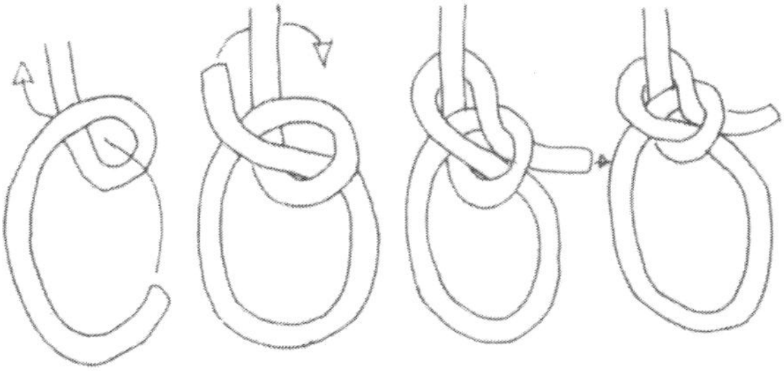

Palstek

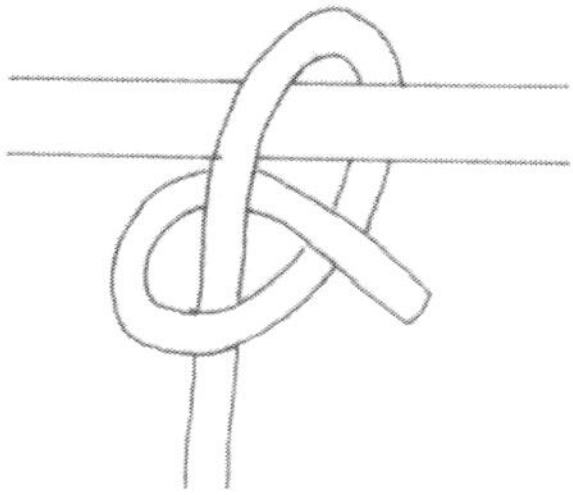

Halber Schlag

Großgeräte, wie z.B. Barren, können helfen, wackelige Stege zu bauen. Eine an beiden Seiten in Seile gehängte Bank fordert zu einer Mutprobe heraus. Die in den Barren eingehängte Bank gibt dem Übenden die Möglichkeit, sich durch Griff an die Holme selbst zu sichern.

Mit der umgedrehten Bank wächst die Herausforderung, auch wenn die Übenden durch die seitlichen Holme begleitet werden.

Zwischen zwei Barren wird eine Hängebrücke gespannt. Dabei sind wieder unterschiedliche Konstruktionen möglich. Bei der ersten stehen die Barren quer zur Bewegungsrichtung, bei der zweiten verbindet die Hängebrücke die Barrengassen miteinander.

Ein besonders langer Balanciersteg ergibt sich, wenn die Übenden am Anfang und am Ende noch über die Holme balancieren.

Da der Barren beweglich ist, kann er so nah an die Ringe/das Trapez herangefahren werden, dass die Bank auf der einen Seite an einen Holm und an der anderen Seite an die Ringe/das Trapez gehängt werden kann.

Eine ganz ähnliche Hängebrücke entsteht, wenn eine Bank auf beiden Seiten in je zwei zusammengebundene Taue gehängt wird. Die dazwischen hängenden Taue können links und rechts von der Bank angeordnet werden, so dass sie den Übenden beim Balancieren eine gewisse Hilfe gewähren und beim Verlust des Gleichgewichts ergriffen werden können.

Dieser Aufbau lädt zu Begegnungen ein. Dafür starten immer zwei Übende gleichzeitig von verschiedenen Seiten.

Eine Hängebrücke mit einer umgedrehten Bank bietet nochmals eine Steigerung des Schwierigkeitsgrades und damit eine ganz besondere Herausforderung.

Eine umgedrehte und auf runde Stäbe gelegte Bank bietet einen bewegten Untergrund, um von einer Seite auf die andere zu kommen. Zwei kleine Kästen engen den Bewegungsraum der rollenden Bank ein.

Wir nutzen den Aufbau für unterschiedliche Gestaltungen. Ein Beispiel ist die Begegnung auf dem schmalen Steg, bei der je zwei Übende von verschiedenen Seiten starten, sich etwa in der Mitte der Bank die Hand geben und wieder zu ihren Ausgangspunkten zurückkehren.

Schließlich lädt auch dieser Aufbau zu Begegnungen ein. Da aneinander vorbei zu kommen, ist eine herausfordernde Aufgabe, die kreative Lösungen und oft mehrere Versuche braucht.

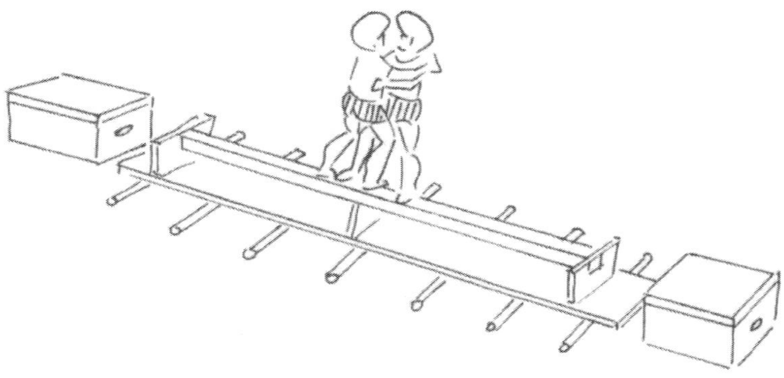

Ein langer wackeliger Steg entsteht, wenn die Gruppe die Bank anhebt. Es geht einmal hin und zurück, dann ist der nächste dran.

Mit Hilfe des so gebauten Wackelsteges geht es jetzt von einem Ufer zum anderen. Wer am anderen Ufer angekommen ist, löst einen Helfer ab.

Richtig schwierig wird die Aufgabe mit der umgedrehten Bank. Der schmale Steg ist eine spannende Herausforderung.

Für den Bau von Wippen sind ganz unterschiedliche Konstruktionen möglich, die alle ihren besonderen Reiz haben. Für erste Erfahrungen reicht eine kleine Wippe, die mit zwei untergelegten Sprungbrettern erreicht wird.

Drei über eine vierte Bank quer gelegte, umgedrehte Bänke ermöglichen eine interessante Gruppenaufgabe.

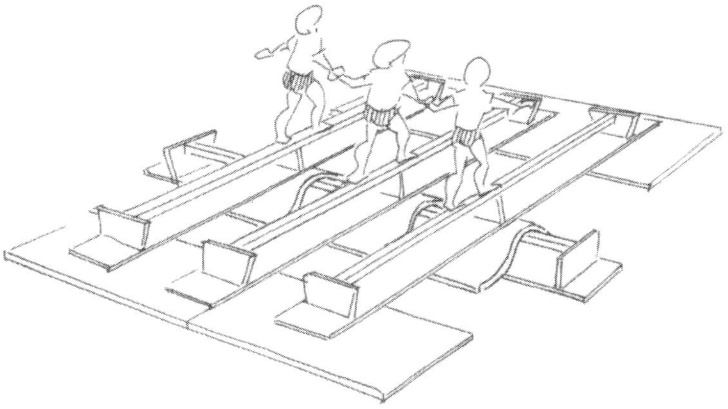

Mit Bänken und Kastenteilen können größere Wippen gebaut werden. Eine zwischen gelegte Bodenmatte sorgt für eine relativ stabile Lage. Das Überschreiten auf dem Holm der umgelegten Bank wird in dem Augenblick spannend, wenn die Wippe durch das Gewicht des Übenden herunterkippt.

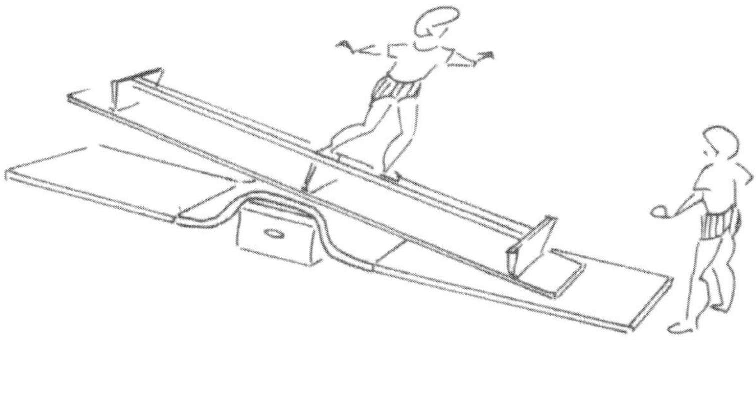

Mit Kastenteilen kann die Höhe der Wippe variiert werden. Auf diese Weise bleibt die Aufgabe spannend.

In einer größeren Gruppe geht es darum, die Wippe in der Waage zu halten. Dabei ist weniger der Endzustand als der Prozess des Aufsteigens interessant, der am besten aus der Mitte heraus mit je zwei Übenden gleichzeitig gestaltet wird. Das Problem sollte jedoch selbständig gelöst werden. Nach Erfahrungen auf der breiten Sitzfläche bedeutet die umgedrehte Bank eine deutliche Steigerung des Schwierigkeitsgrades.

In einer Vierergruppe, die die Wippe in Waage hält, wechseln zwei Übende die Seite. Die Aufgabe besteht darin, es so zu tun, dass die Wippe in Waage bleibt.

Eine besonders hohe Wippe wird mit einem Kastendeckel und zwei Sprungbrettern gebaut. Die beiden Seiten der Wippe werden von der Mitte bestiegen, und die Übenden versuchen dabei, die Wippe in Waage zu halten.

Besonders spannend wird die Aufgabe, wenn eine große Gruppe auf der Wippe steht und diese in Waage halten soll, während die beiden äußeren ihre Plätze tauschen. Wenn die Bank kippt, geht es wieder von vorne los, und es werden auch die Positionen auf der Bank durchgetauscht.

Je höher die Wippe steht, desto schwieriger und spannender wird die Aufgabe. Das Leder auf dem obersten Kastenteil oder eine auf die Kästen gelegte Bodenmatte verhindern ein Drehen der Bank.

Eine äußerst wackelige Angelegenheit ist es, eine Schlucht auf zwei Tauen balancierend zu überschreiten. Zur Stabilisierung ist ein weiteres Tau in Griffhöhe gespannt, an dem sich die Übenden festhalten können. Wer ausklappbare Sprossenwände hat, kann mit der Aufgabe in geringer Höhe beginnen.

Mit Hilfe von Barren gibt es zwei verschiedene Konstruktionsmöglichkeiten. Bei der ersten werden die Barrengassen mit Hilfe zweier Taue verbunden. Ein Tau am hohen Holm bietet eine stabilisierende Griffmöglichkeit.

An quer stehenden Barren werden die Balanciertaue an den unteren und der stabilisierende Handlauf am oberen Holm befestigt. Der zwischen den Barren eingelegte Weichboden vermittelt ein Gefühl subjektiver Sicherheit.

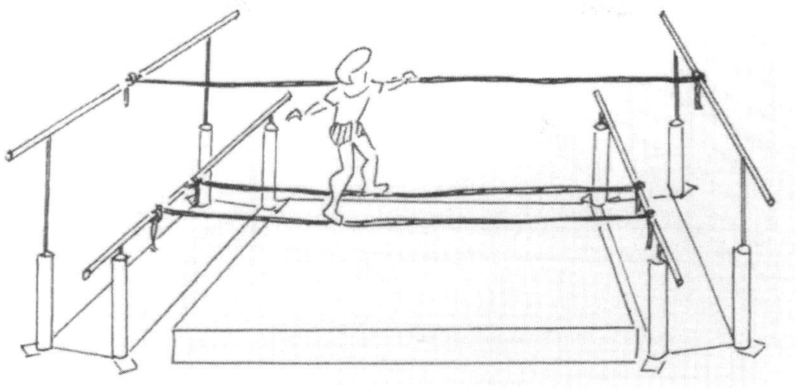

Noch schwieriger wird es auf dem Schlappseil, das ausgezeichnet zwischen zwei Reckpfosten ausgespannt werden kann. Erste Erfahrungen sammelt der Übende an der sichernden Hand eines Partners.

Ein Höhepunkt ist es, sich dann allein auf das Seil zu trauen. Schon ein paar Schritte sind ein besonderes Erlebnis.

Für die Entwicklung der Gleichgewichtsfähigkeit gibt es eine Vielzahl von Kleingeräten, von denen die Stelzen wohl das älteste Angebot sind.

Halbkugel, Kugel und Rolle sind besonders labile Geräte. Wer sie sicher beherrschen will, ist immer wieder zu mutigen Entscheidungen herausgefordert. Bei allen drei Geräten kann die Hand eines Partners zu Beginn eine wertvolle Hilfe.

Auch Pedalos unterschiedlicher Bauart bieten erlebnisreiches Üben bei den Versuchen, sie zu beherrschen.

## *Hoch hinaus*

Hoch hinaus geht es beim Klettern. In einigen Sporthallen finden sich noch Kletterstangen, Leitern, Gitterleitern und neben den festen auch bewegliche Sprossenwände. Alle diese Geräte sind für Klettererlebnisse hervorragend geeignet und haben schon für die Kleinsten große Bedeutung. Mit der Ergänzung durch andere Großgeräte wie Barren und Kästen lässt sich darüber hinaus eine Vielzahl von Gerätelandschaften bauen, die mit eingehängten Bänken und verbindenden Tauen spannende Herausforderungen darstellen, die von Kindern gerne aufgesucht werden.

An der großen Gitterleiter können ganz unterschiedliche Kletteraufgaben gestellt und dabei große Höhen erreicht werden, die für die Kleinen kribbelige Herausforderungen bedeuten. Das gilt auch schon, wenn es einfach nur nach oben geht. Die herausgezogene Gitterleiter kann von beiden Seiten benutzt werden, so dass es kein Problem darstellt, eine angemessene Übungsdichte herzustellen.

Jetzt starten die Kinder an einer Seite und Klettern diagonal zur anderen Seite nach oben. Dabei kreuzen sich die Kletterwege.

Eine schwierigere Aufgabe ist das Klettern in Wellenlinien, bei dem die Übenden beim Weg nach oben an jeder Sprosse die Seite wechseln.

Sehr lang wird der Kletterweg, wenn die Übenden in horizontalen Wellenlinien klettern. Sie beginnen in den tiefsten Feldern und klettern im Slalom bis in die höchsten Felder.

Interessante Klettergerüste stellen auch die Sprossenwände dar, selbst wenn sie unbeweglich an den Wänden installiert sind. Es geht nicht einfach hinauf, sondern von links/rechts unten nach rechts/links oben.

Wenn die Sprossenwand abklappbar ist, geht es auf der einen Seite hinauf und auf der anderen Seite hinunter. Dabei klettern die Übenden ganz oben rüber, oder sie winden sich durch den oben oft etwas breiteren Zwischenraum.

Hintereinander abgeklappte Sprossenwände stellen einen richtigen Hindernisparcours dar. Dieser wird in beiden Richtungen überklettert, um eine angemessene Übungsdichte zu erreichen.

Aufgeklappte Sprossenwände können mit Zusatzgeräten zu großen Gerätelandschaften erweitert werden. Die „Schlucht" zwischen ihnen wird mit Tauen zu einem besonderen Erlebnis.

Wird nur ganz oben ein Tau gespannt, ergibt sich die spannende Aufgabe, die „Schlucht" durch Hangeln zu überwinden.

Ausgezeichnete Basisgeräte für lange Kletterwege sind die Stufenbarren. Auf zwischen ihnen gespannten Tauen können auch mehrere Übende gleichzeitig klettern, ohne dass die Standfestigkeit der Geräte in Gefahr gerät.

An parallel stehenden Stufenbarren werden die unteren und die oberen Holme mit Tauen miteinander verbunden. Den Weg von Gerät zu Gerät legt der Übende mit den Füßen auf dem unteren und beidhändigem Griff am oberen Tau zurück.

Zwei hintereinander stehende Barren können so miteinander verbunden werden, dass durch Taue Verlängerungen der Holme erreicht werden. Kletteraufgaben entlang des Barrens können über die Taue bis hin zum zweiten Barren fortgesetzt werden. Auf diese Weise erreicht man besonders lange Kletterwege.

Eine Variante sind überkreuz gespannte Taue. Dabei stellt sich die Aufgabe, auf halbem Weg mit dem Griff auf das andere Tau zu wechseln.

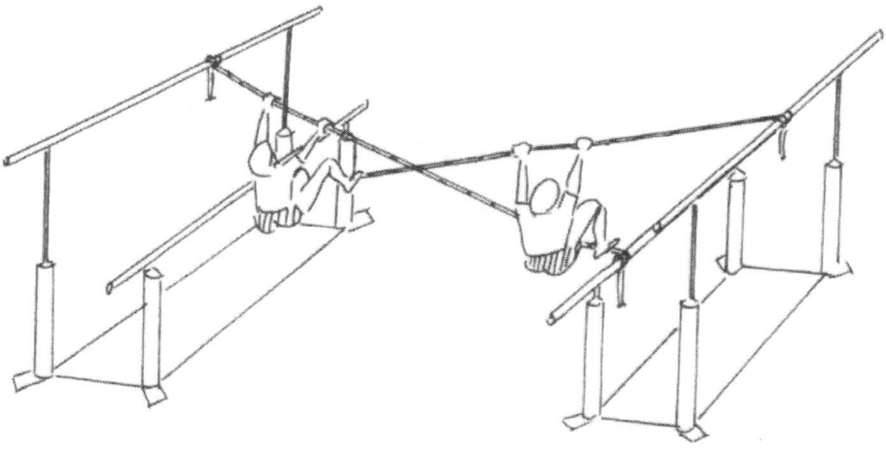

Durch eine Verbindung der oberen Holme entsteht ein langer Kletterweg für einen „Klammeraffen", der sich mit Händen und Unterschenkeln vorwärtshangelt.

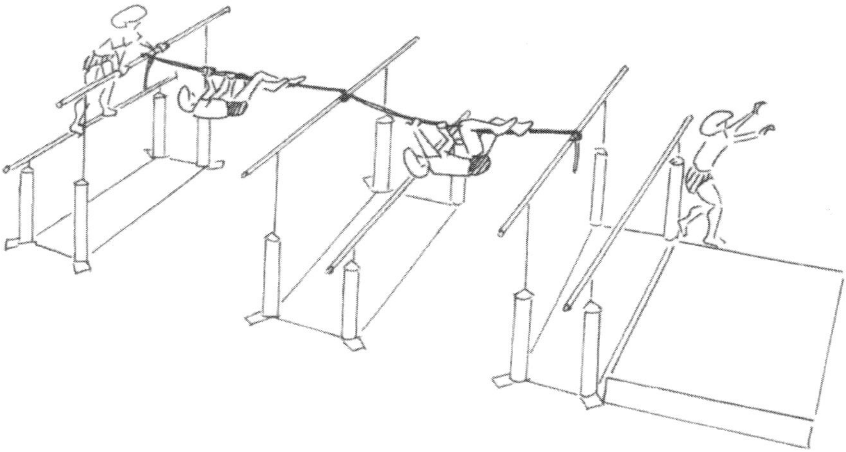

Zwischen zwei Stufenbarren oder auch zwischen ausklappbaren Sprossenwänden können die Taue so über Kreuz gespannt werden, dass in der Mitte zwischen den Geräten nicht nur ein Griffwechsel, sondern auch ein Seitenwechsel erfolgen muss, um sicher auf die andere Seite zu gelangen.

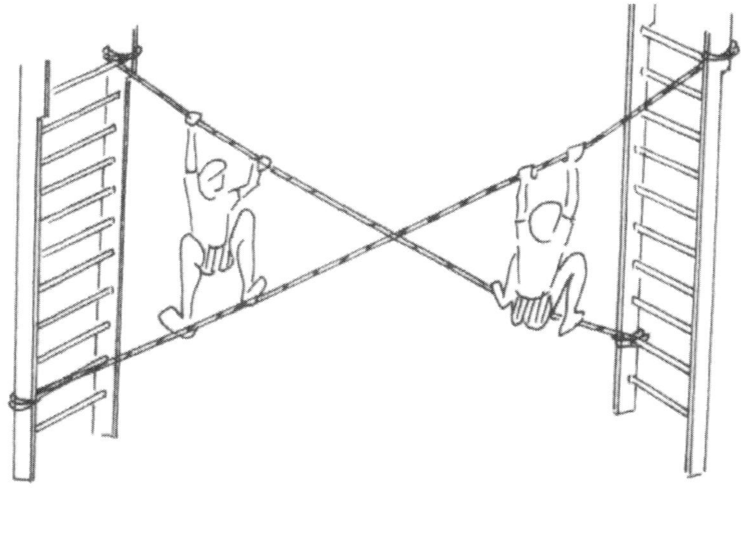

Der Stufenbarren kann so an eine Sprossenwand herangefahren werden, dass sich mit Hilfe eines Taus ein langer Kletterweg ergibt. Das Tau wird an der Sprossenwand fest angeknotet und auf der anderen Seite einmal um den oberen Holm gelegt und schließlich von einer Gruppe gehalten. Damit der Übende vom Barren zur Sprossenwand gelangt, muss die Gruppe das Seil straff spannen.

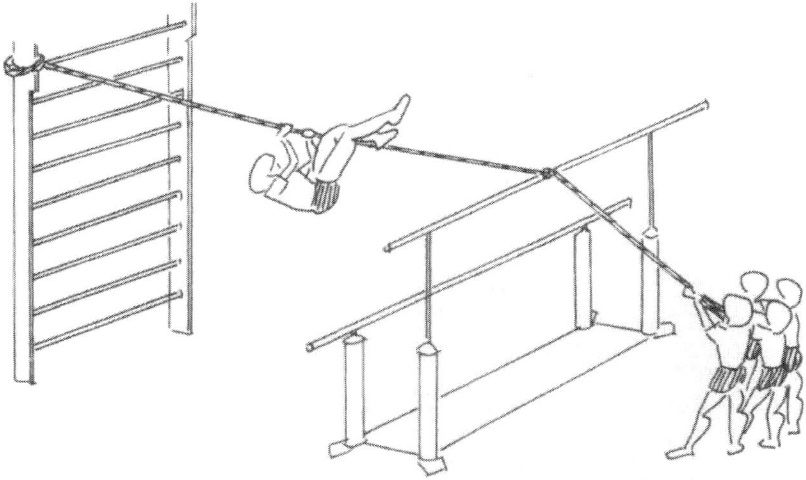

Das oben gespannte Seil lädt zu unterschiedlichen Kletterpartien ein. Je nach Leistungsstand wird die gegenüberliegende Seite auf ganz unterschiedliche Seite erreicht.

Schließlich werden zwei Taue in Höhe der durch den Stufenbarren vorgegebenen Barrenholme gespannt. Beide Taue werden von einer Gruppe gehalten und stellen so eine Hängebrücke dar, auf der die Übenden vom Barren zur Sprossenwand gelangen können.

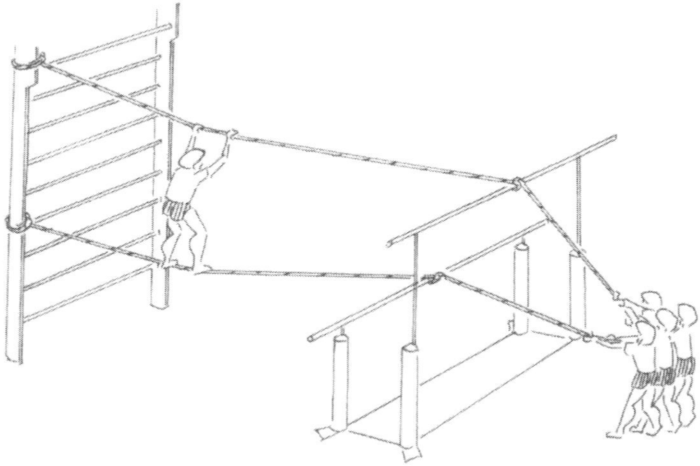

Auch mit Leitern können interessante und variable Kletterstege gestaltet werden, wenn diese in Sprossenwände oder Gitterleitern eingehängt werden.

Die Bank kann weit oben in eine Sprossenwand eingehängt werden, so dass sich ein sehr steiler Klettersteg ergibt.

Ähnlich steil, aber spannender wird es, wenn die Bank von der Gruppe aufgerichtet wird.

Genau so kann mit einer Leiter eine steile Kletterpartie gestaltet werden. Jeder ist einmal dran, der Rest stabilisiert die Leiter.

Weniger Griff mit den Füßen findet der Kletterer auf der umgedrehten Bank. Sie wird von der Gruppe zunächst leicht schräg gehalten, um den Aufstieg zu erleichtern.

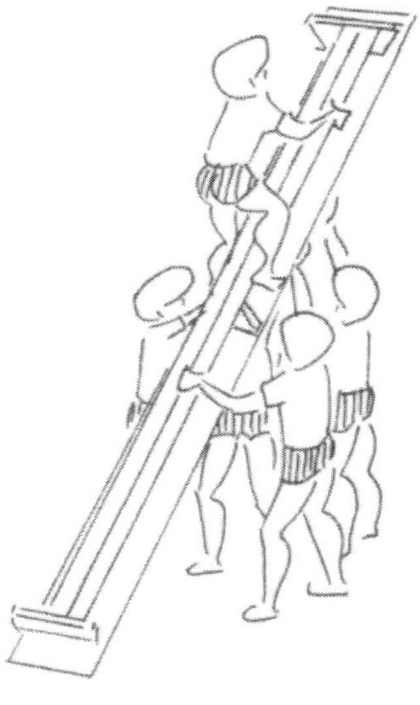

An der senkrecht gehaltenen Bank wird es dann richtig schwierig. Die Aufgabe ist erfüllt, wenn ein Fuß ganz oben aufgesetzt worden ist und damit ein Fußabdruck ins „Gipfelbuch" eingetragen wurde.

Unter Zuhilfenahme von Tauen entstehen ganz besondere Kletterpartien. Mit einem Weichboden vor einer Sprossenwand wird eine Kletterwand errichtet, zu deren Besteigung Taue bereitstehen.

Bei ausklappbaren Sprossenwänden sind in gleicher Weise mehrere Wände zu überwinden.

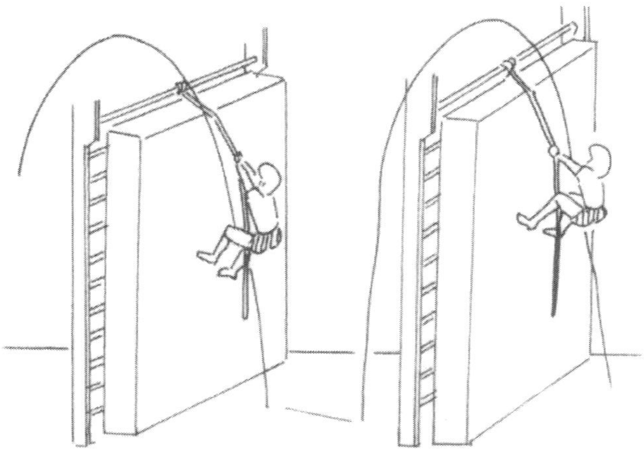

Ein vor einer Sprossenwand hochkant aufgestellter Weichboden wird mit Hilfe von quer verlaufenden Tauen zu einer Kletterwand umgestaltet. Die Taue werden beim Aufstieg als Treppen genutzt. Sie gestatten den Übenden darüber hinaus einen festen Griff beim Hochziehen. Wenn die Sprossenwand abklappbar ist, dient die Rückseite dem Abstieg.

Bei mindestens zwei herausklappbaren Sprossenwänden kann auf diese Weise ein langer Kletterparcours gestaltet werden.

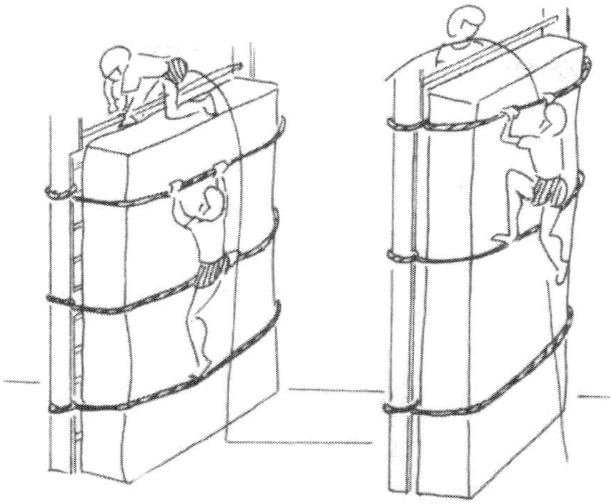

Mit einem zusätzlichen senkrecht hängenden Tau werden die Anforderungen der Kletterübungen am Weichboden miteinander verbunden. Das senkrecht hängende Tau dient dem Griff, an den waagerecht umgebundenen Taue finden die Füße den nötigen Halt.

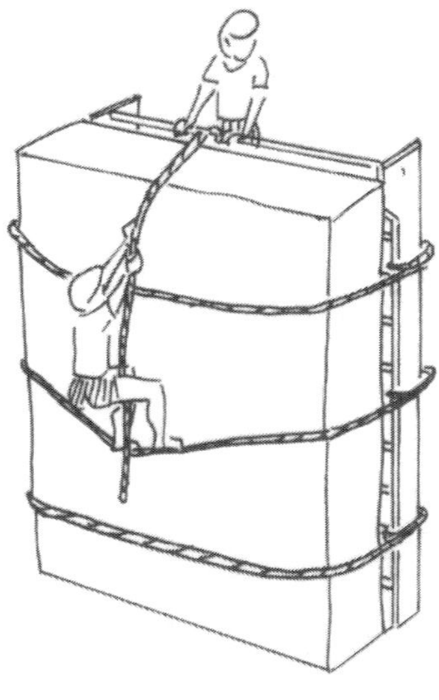

Reckpfosten sind ein ausgezeichnetes Basisgerät für Kletterübungen. Die normalerweise für die Reckstangen benutzten Arretierungen werden in die Pfosten eingesteckt und geben den Knoten der Taue einen guten Halt. Mit den Füßen auf der Reckstange und dem Griff mit beiden Händen am Tau gelangt man sicher auf die andere Seite.

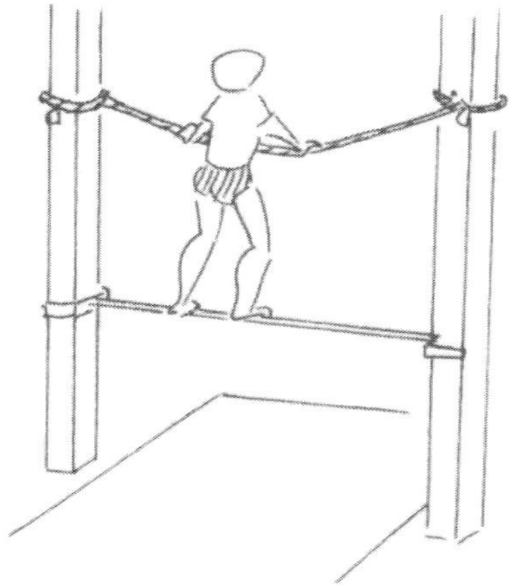

Bewegter wird die Aufgabe, wenn auch die Füße auf einem zwischen den Reckpfosten gespannten Tau laufen.

Ein in Reichhöhe oder sogar darüber hinaus gespanntes Tau eröffnet unterschiedliche Möglichkeiten, die andere Seite zu erreichen. Eine davon ist der „Kletteraffe", bei dem der Übende sich mit den Händen und den Unterschenkeln vorwärtshangelt. Schwieriger ist es, sich ohne die Unterstützung der Beine im Langhang vorwärts zu bewegen.

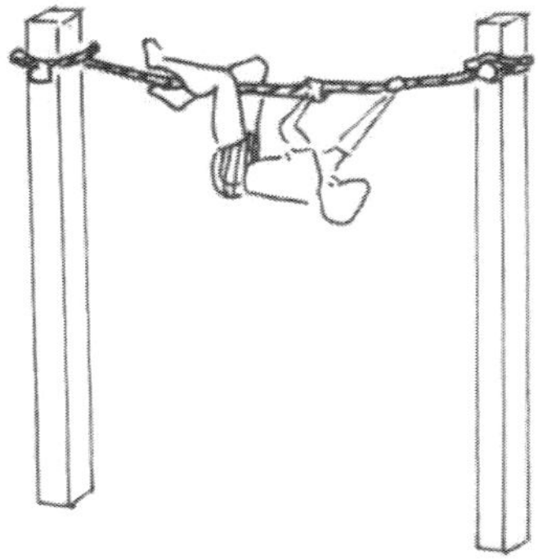

An mehreren Reckpfosten können nacheinander gleiche oder auch verschiedene Kletteraufgaben gestellt werden.

Für die Überwindung einer hohen Wand (dargestellt durch eine gespannte Leine) hat die Gruppe eine Bank zur Verfügung. Diese muss von allen gemeinsam so aufgerichtet werden, dass jeweils einer sie besteigen kann, um über das Hindernis zu gelangen.

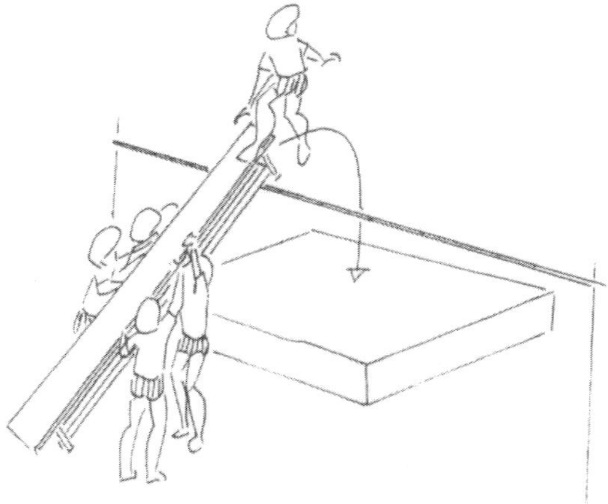

Statt einer Leine wird jetzt mit einem aufgestellten Weichboden (der z.B. an die Leine gelegt wird, damit er fest steht, oder von zwei Helfern gehalten wird) eine feste Wand eingerichtet, die es zu überwinden gilt. Mit dem Weichboden können zwei verschiedene Höhen eingerichtet werden, so dass die Aufgabe noch einmal gesteigert werden kann.

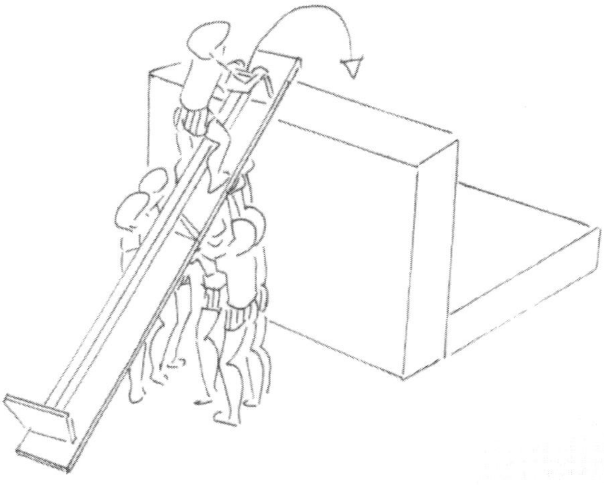

Der Körper hängt in der Luft, wenn der Griff nicht mehr an der festen Sprosse, sondern an einem Tau erfolgt. Der Übende hangelt sich mit festem Stand auf der Sprosse von einer Seite zur anderen. Die ersten Versuche werden unten an der Gitterleiter gemacht.

Je höher das Tau gespannt ist, desto spannender wird die Aufgabe. An der Sprossenwand wird besonders für die Kleinen schon eine ganz schöne Höhe erreicht.

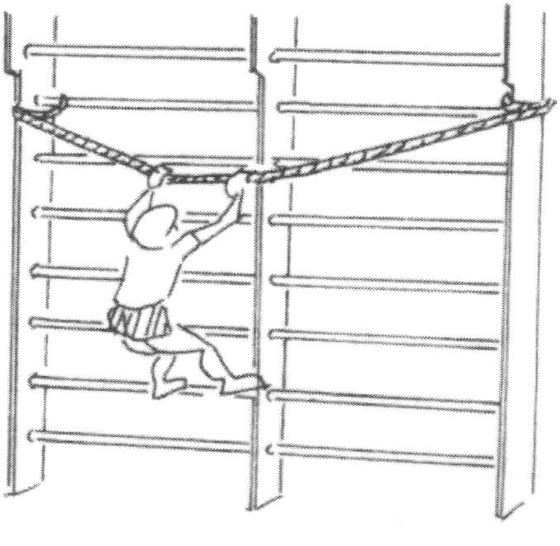

Richtig weit weg vom Boden ist man allerdings erst, wenn das Tau ganz oben an der Gitterleiter befestigt ist. Obwohl die Aufgabe vertraut ist, hat die Höhe etwas Kribbeliges.

Mit einem schräg eingehängten Tau geht es von der einen Seite unter zur anderen Seite oben.

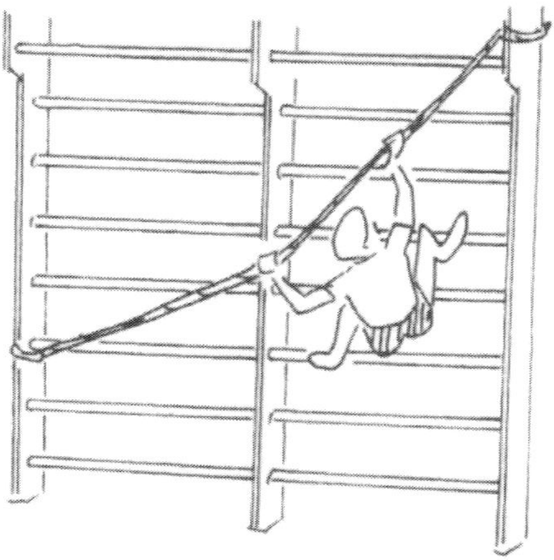

Auch bei dieser Aufgabe bietet die Gitterleiter die größte Herausforderung. Wenn zwei Taue zur Verfügung stehen, kann gleichzeitig von rechts unten nach links oben und links unten nach rechts oben geklettert werden. Die Aufgabe ist erfüllt, wenn die Sprossen beim Aufstieg nur mit den Füßen, nicht aber mit den Händen zu Hilfe genommen werden.

Mit dem schwingenden Tau kann man hohe Hindernisse überwinden. Als Hindernis dient für die die ersten Erfahrungen ein „blauer Elefant", das ist ein über einen Kasten gebundener Weichboden. Dafür dürfen nur alte Weichböden genommen werden, die als Niedersprungmatten schon keine Bedeutung mehr haben.

Höher hinauf geht es, wenn der Weichboden in die Holmengasse eines Barrens eingeklemmt wird und dort so festgebunden wird, dass wie beim „blauen Elefant“ ein großer weicher Rücken entsteht.

Richtig hoch hinauf geht es, wenn man aus Weichböden eine Mauer baut. Der zwischengestellte Kasten sorgt dafür, dass die Anlage fest steht. Die Weichböden werden fest zusammengebunden, so dass ganz oben eine relativ breite Fläche entsteht.

Etwas verändert ist die Aufgabe, wenn der Aufstieg aus dem Anschwung von einem Kasten erfolgt. Erste Erfahrungen werden wieder am „blauen Elefant“ gemacht.

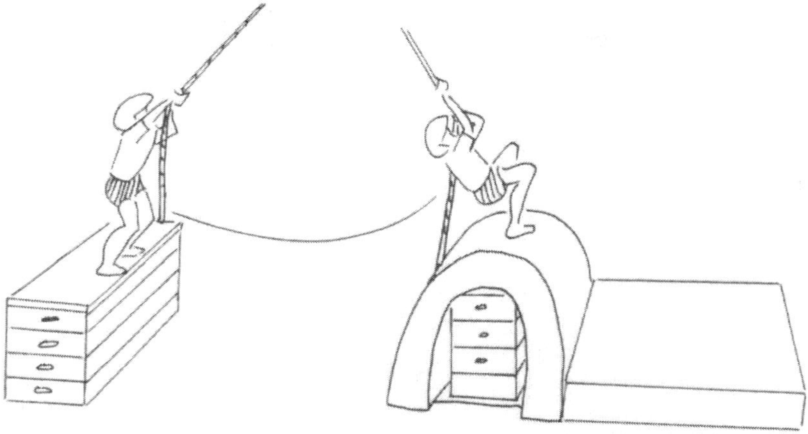

An der hohen Weichboden-Mauer muss der Vorschwung noch in den Aufstieg umgesetzt werden, was Kraft und auch Geschicklichkeit erfordert.

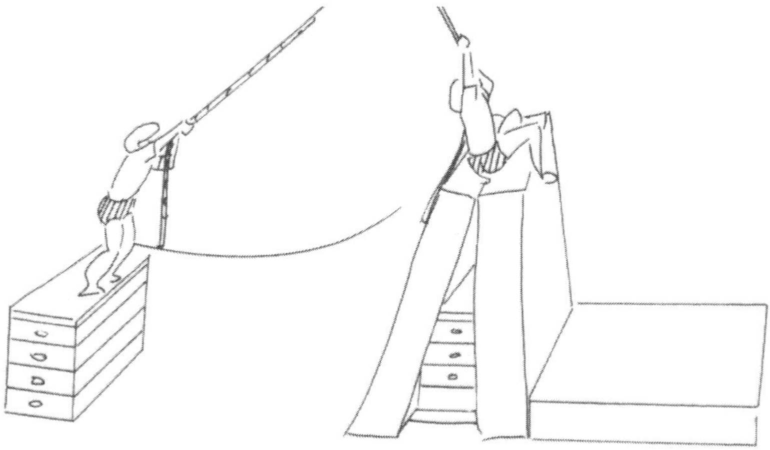

Die hohe Mauer kann auch mit Absprung von einem Minitrampolin überwunden werden. Der Übende landet gefahrlos oben auf den Weichböden.

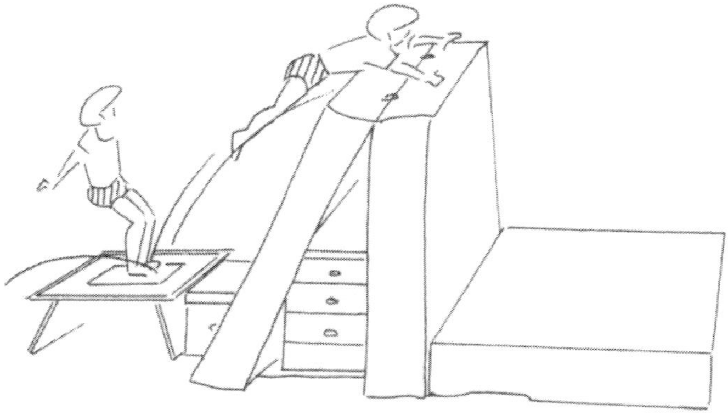

Aus dem Doppelsprung erhält die Aufgabe einen ganz besonderen Reiz.

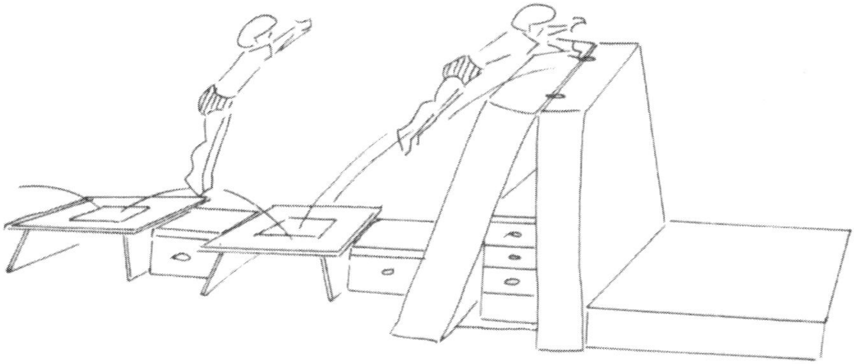

Das Minitrampolin katapultiert die Übenden hoch hinaus, und sie fliegen weit durch die Luft. Die sichere Landung nach dem Flugerlebnis erfolgt problemlos auf einer weichen Erhöhung, die mit einem auf quer stehenden Barren aufgelegten Weichboden gebaut werden kann.

Eine interessante Variation bietet der Doppelsprung, bei dem zwei Minitrampoline in Reihe hintereinander aufgestellt werden.

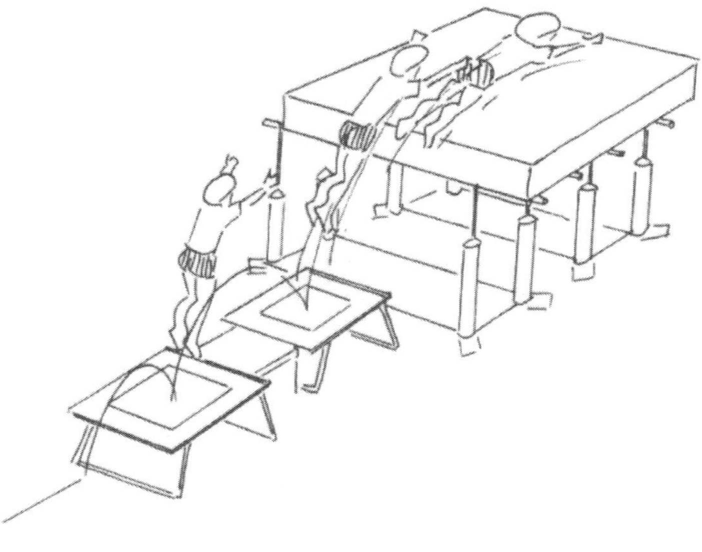

Die Grundlage für den erhöht liegenden Weichboden kann auch durch Kästen hergestellt werden. Ein Synchronsprung von nebeneinander stehenden Minitrampolinen ist eine erlebnisreiche Sprunggestaltung.

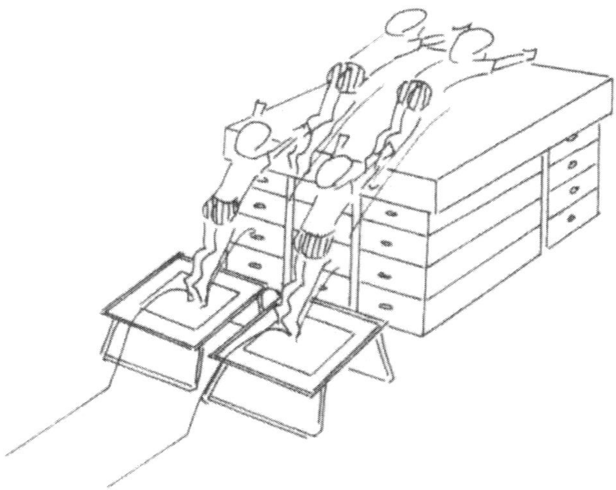

Am Ende dieser Reihe steht der Dreifachsprung, mit dem es hoch hinaus geht und dessen Landung mit einem großen Weichbodenberg abgesichert ist.

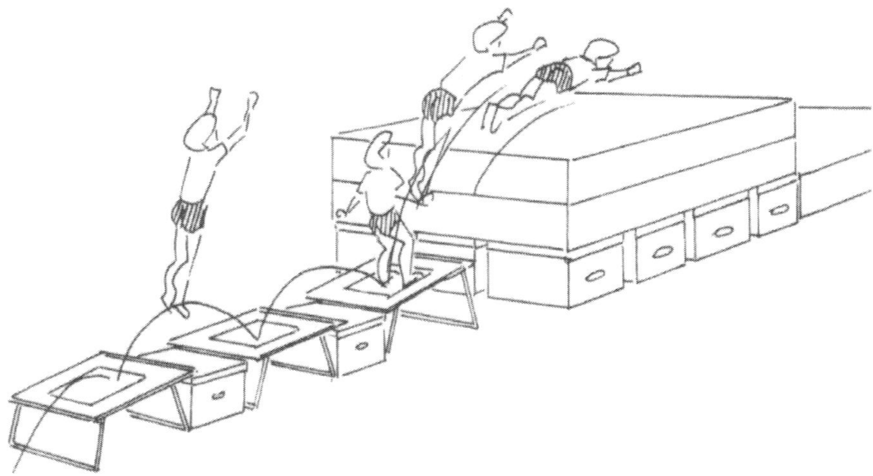

Besondere Kletterpartien sind an den Ringen möglich, wenn diese mit einem Seil oder einem Tau aneinander gebunden sind. Wenn die Ringe bis auf Kastenhöhe heruntergelassen werden, entsteht zwischen den festen Ufern (Kästen) eine sehr bewegte Hängebrücke. Die Aufgabe besteht darin, diese von Ring zu Ring zu beschreiten und so auf die andere Seite zu gelangen. Der Weg wird mit einem Weichboden gesichert.

Wenn die Ringe in Reichhöhe hängen, kann das andere Ufer durch Hangeln von Ring zu Ring ereicht werden.

# Literatur

*Blume, M.:* Akrobatik mit Kindern und Jugendlichen. Aachen 1995

*Bundesverband der Unfallversicherungsträger* (BAGUV): Alternative Nutzung von Sportgeräten. Sicherheit im Schulsport, Heft 9. München 1996

*v. Cube,* F: Gefährliche Sicherheit. Stuttgart - Leipzig 1995

*Csikszentmihalyi, M.:* Das Flow-Erlebnis. Stuttgart 1996

*Fodero, J. M. / Furblur E. E.:* Menschenpyramiden. Lichtenau 1996

*Gusek, E. / Medler, M. / Räupke, R. / Robinson, B. / Schuster, A.*: Kinderturnen. Flensburg 1997

*Heckmair, B. / Michl, W.:* Erleben und Lernen. Neuwied - Kriftel - Berlin 1993

*v. Hentig, H.:* Lerngelegenheiten für den Sport. In: Sportwissenschaft 2(1972)3, 239 - 257

*Landau, G.:* Erlebnistage im Schulsport. Reinbek 1985

*Medler, M. / Räupke, R.:* Turnen am Minitrampolin. Flensburg 1996

*Medler, M. / Räupke, R.:* Gerätturnen im 5./6. Schuljahr. Flensburg 1998

*Reiners, A.*: Praktische Erlebnispädagogik. München 1993

*Schleske, W.:* Abenteuer - Wagnis - Risiko im Sport. Schorndorf 1977

*Struck, P.:* Zuschlagen, Zerstören, Selbstzerstören. Darmstadt 1995

*Trebels, A. H.:* Spielen und Bewegen an Geräten. Frankfurt am Main 1992